目录

序 言

现在摆在大家面前的，是我关于乾隆帝的第二部小书《马上朝廷》。继《乾隆十三年》获得成功之后，它的出版似乎就顺理成章了。

我曾在不同场合表示，如果让我来写乾隆（比如说《乾隆通纪》），第一，我要把它写成政治史，而不是把它分为西方式的“政治”“经济”“社会”“文化”几大块。与此相关，我曾在中国人民大学清史研究所提出，“政治史研究”应作为研究所的“主导方向”。这也许更接近传统的历史书写法（如二十四史），以政治为纲，兼及其他（仅从侧面或某种角度反映经济、社会问题）。也不一定由“经济基础”来决定“政治上层”，或客观环境决定主观行为，更不以为历史的“长时段”能规定“短时期”等“事件”（犹如康雍乾三个皇帝，施政却个个不同）。

我的第二个主张是，乾隆朝必须做分阶段的研究，不宜率意直书，一下子就是六十三年（中国历史上许多朝代都没有它这么长）。

为此我把乾隆朝分为三个阶段，一是“乾隆初政”（即“乾隆十三年”），大约前十五年时间；二是“乾隆中期”，大约从乾隆十六年到四十九年；三是“乾隆晚景”，最后十几年时间。

一般史书都没有把“乾隆初政”作为乾隆朝的第一个阶段，我的考虑，是因为它已构成一个完整的故事，颇有特色，且有许多前人未曾道及之处，如所谓“回复三代”（包括“粮政”等），它们多跟所谓“养民”有关。总而言之，如何看待乾隆一朝的“功业”（它既非坊间所说的“西师”，亦非“南巡”），都离不开对乾隆初政的重新探讨，包括那些不合众议的内容。

所谓“乾隆中期”（即“马上朝廷”），打算以南巡为中心，把很多事情都串起来，特别是跟“养民”相对的“教民”有关的那些内容，包括“文字狱”等不算小的题目（乾隆帝为什么要这样做，也是希望大家一起来探讨的问题之一），像写故事一样，逐段逐年地一个个写下来。

现在献给大家的这本《马上朝廷》，就写的是乾隆朝这一段时间，大约三十三年的历史。

如果说，在乾隆朝的前一个阶段，主要还是从传统儒家的理念——如“回复三代”——来治理国家，到了这一个阶段，却更多地表现了清人统治的“满洲特性”，这不是简单的“宽严之辨”“由宽变严”，而毋宁说是再现了他们“马上治国”的特征。

是好是坏，还请大家批评！

壹

马上天子

从“养教兼施”“先养后教”的宗旨出发，在乾隆初政的十几年时间里，政治的重点集中在了“养”上，而在其后一个很长的时期里，可以说它就转向到“教”（“文教”“教化”）的一面上去了。昔人有云：孔子治术有三，曰养、曰教、曰治。乾隆一朝，也未始不可以这样来做阶段划分。

在乾隆朝的阶段划分中，我曾把“乾隆初政”作为它的第一个阶段，并把其结束时间定在乾隆十五年前后。这本来带有一定的任意性，在任何阶段划分中，恐怕都是难以避免的。但它也有一个好处，就是从乾隆十六年起，皇帝开始南巡——他后来一度把“南巡”与“西师”当作毕生的两件大事（尽管我们有不同看法）——同时，开始了乾隆朝第一拨的文字狱。

与雍正帝完全不同，乾隆帝一生中有近一半时间都不在京师，而是在各地巡幸。这一点更像是他的皇祖(康熙帝)，而犹有过之。据统计，终乾隆一朝，各种巡幸活动竟有一百五十次之多。具体巡幸情况可见下图，另有说法，乾隆一朝巡幸盘山共有三十二次，平均每年出巡两次还多。皇帝这种极为频繁的巡幸活动，不但在二百六十多年的清朝历史上首屈一指，在两千多年的中国历史中也极为罕见，对于乾隆一朝的政治产生了极大影响。

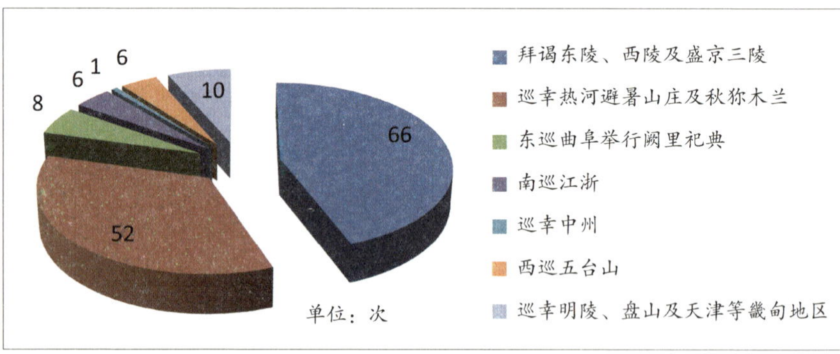

乾隆朝巡幸活动详情图

皇帝之所以如此频繁地出巡，以至于当时朝鲜使臣称清廷为“一日不肯留京，出入无常”的“马上朝廷”，是因为他把巡幸活动看作加强统治的一个重要措施。他曾在《御批纲鉴》中针对“宋主微行”写道：

“第当命驾时巡，省方问俗，进穷檐之父老，而使得自言其疾苦，则民隐足以周知。”

就元顺帝“端处深宫，委柄臣下”，写道：

“狝狩正当习劳，车驾所经，并可以周知民隐，于政务又何妨乎？”

乾隆十二年，驻跸避暑山庄期间，他曾对此中原委做过一番分析，说：三代以后，统治时间最长的是汉、唐、宋、明。而在这四朝历史中，往往开国后不过一两代，便会发生内乱。究其缘故，不仅是因为上苍不再眷顾，更重要的还是因为当时统治者怠于政事。正是有鉴于此，康熙帝在平定三藩叛乱之后，“即不敢以逸豫为念，巡狩之典，或一岁而二三行”。

虽然巡狩也有“耗财劳众”之弊，但是可以“察民瘼，备边防，合内外之心，成巩固之业，习劳苦之役，惩宴安之怀”，两相比较，“所全者大，则其小者不必恤矣”。历代帝王失败的教训和康熙帝成功的经验给了乾隆帝深刻的教育，他认为目前虽“值四方宁谧之时”，但为保住祖宗留传下来的江山基业，“实不敢使文恬武嬉，以隳圣祖之家法”。

所谓“南巡”，是到江、浙一带巡视。乾隆一朝共有六次南巡：乾隆十六年、乾隆二十二年、乾隆二十七年、乾隆三十年、乾隆四十五年、乾隆四十九年。每次南巡多在正月中旬从北京出发，当年四月下旬回到北京，行程近六

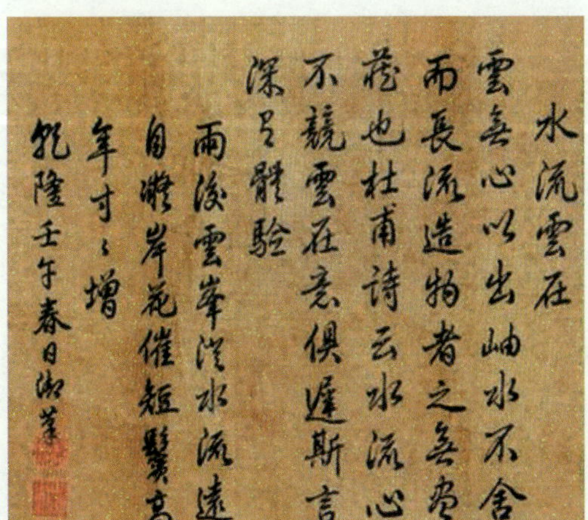

乾隆帝诗作

千里，所需时间大约一百一十天。

第四次南巡（乾隆三十年）与第五次南巡（乾隆四十五年）之间相隔竟有十五年，其原因即在于皇太后钮祜禄氏在第四次南巡时已经呈现出些许倦意，皇帝明确表示不再南巡。直到乾隆四十二年皇太后去世，第五次南巡才又提到议事日程上来。皇帝为什么要千里迢迢一次又一次地前往江、浙呢？

乾隆帝在乾隆四十九年三月即将结束第六次南巡时，撰写了《南巡记》，说：

“予临御五十年，凡举二大事，一曰西师，一曰南巡……南巡之事莫大于河工。若夫察吏安民、行庆施惠，群臣所颂以为亟美者，皆人君本分之应为，所谓‘有孚惠心，勿向无吉’，予尝以此自勖也。”

南巡是效法其祖父圣祖皇帝，为此乾隆帝一再强调“南巡之事莫大于河工”“河工关系民命”。即打算通过南巡了解治河工地的实际情况，对治河方案做出抉择，并标榜自己南巡不是为了游山玩水、满足一己享受。

南巡还有其他的考虑：其一，江浙地区地广人多，宋以后逐渐成为全国的经济中心，清朝每年所需数百万石漕粮多半来自江浙；漕船北上必经的江淮地区连年水灾，所以他要亲往了解“其官方戎政、河务、海防与凡闾阎疾苦”。其二，清代标榜以“孝”治天下，皇帝选择其母皇太后钮祜禄氏六十大寿之年首举南巡，以尽孝子之心，而使东南百姓“交颂天家孝德”。

许指严在《南巡秘记》中说道：对于南巡之谏，皇上曾拒之以色，拒之以术，拒之以意气，拒之以不拒；前四次南巡，皆奉太后銮舆，而托于孝养，此所谓以术拒者。据张勉治说，康熙皇帝是以“绕着走”的方式应付汉族士大夫对其南巡的谏阻的，最终借着“法祖”的名义得以实现。而唐德刚则认为：乾隆帝之南巡主要目的是为征逐声色，所以回銮时曾违背“祖宗家法”携回大批江南佳丽，并选了大批江南俊秀儿童带回北京预备训练做御用伶官，号南府子弟。

此外，江南名胜甲天下，素传“上有天堂，下有苏杭”，生来好动的乾隆帝当然要前去“眺览山川之佳秀，民物之丰美”，尽情享受一番了。故《南巡秘记》云：清世侈靡，“（乾隆）南巡实为之导线”。

南巡可能还有一个原因，即江浙地区是汉族士大夫最集中的地方。一方面，江浙人文荟萃，清朝科举取士，江浙为历科中举之最，汉族大学士也以江浙人最多。乾隆朝大学士徐本、汪由敦、梁诗正，为浙江钱塘人；陈世倌为浙江海宁人；史贻直，江苏溧阳人；刘纶，江苏武进人；于敏中，江苏金坛人；礼部侍郎沈德潜、刑部侍郎钱陈群以诗文称雄一时，亦是江浙人，其中任尚书、巡抚的官员更多。

另一方面，江浙地区又是鼓吹反清复明思想的大本营，清初顾炎武、黄宗羲、陈子龙等皆是颇有影响的抗清人物。清代著名的文字狱，康熙朝的庄廷鑨《明史》案、雍正朝的吕留良案，其代表人物又都为江浙士人。此外为吕留良鸣冤的齐周华，《西征随笔》案中的汪景祺、乡试命题案中的查嗣庭也都是浙江人。在乾隆帝心目中，江浙的确是个“民滑吏疲”、需要恩威并施的地方。

出于“怀柔”的目的，为体现崇文重道，乾隆帝在第一次南巡时把殿本的二十二史、十三经等分别赠给南京的钟山书院、苏州的紫阳书院、杭州的敷文书院。当四库馆编纂的大型丛书——《四库

◉《太平春市图》（局部）描绘的清人想象中的明代岁时活动

全书》竣工之后，又因“江浙为人文渊薮”，在第六次南巡时令将其一部存放于镇江文宗阁，一部存放于扬州文汇阁，一部存放在杭州文澜阁。另外四部均放在政治中心——北京皇宫的文渊阁、圆明园的文源阁、盛京皇宫的文溯阁，以及承德避暑山庄的文津阁——足见他对江浙地区的重视。

笼络汉族知识分子、召见并选拔一些读书人或中试后并未得到安置者为官，也是南巡的目的之一。乾隆帝曾以“海塘得失策”为题考试被召见者。乾隆晚期所重用的督抚孙士毅，就是第三次南巡时挑选出来的。而从南巡中六次祭祀明太祖陵、三次到山东祭祀先师庙、两次谒孔林、三次谒苏州文庙以及祭泰山、祀禹陵、谒禹庙、

谒少昊陵、祭周公庙、祭祀孟子、临幸宋代名臣范仲淹的高义园等一系列崇文重道的活动中，皆可看出他的良苦用心。

不过，南巡还有一个为今人忽视的目标，即它是精心组织的，沿着清初战争的路线，意在通过这种具有威胁性的方法，提醒南方汉人注意清人的强势武力。朴趾源在《热河日记·审势编》中说："东南开明，必先天下而有事情，喜轻浮而好议论，则康熙六巡淮浙，所以阴沮豪杰之心，而今皇帝踵而五巡矣。"

南巡的筹备属于"旗人事务"，汉人一般不得参与。它完全按照围猎的规制来安排，行则不断举行各种军事活动，停则居住在营帐之中。不但皇帝把自己塑造为一个马上皇帝，还命令八旗将领不得

清代八旗旗帜

乘轿，只能骑马。它一路展示“马上治天下”的“民族的宗室的满族至上主义”，用以对抗汉人代表的中国传统文化。以满族的意识形态，对抗儒家观念，把“内亚”的色彩注入帝国政治。据说在皇帝的南巡御制诗中，“策马”“马上”等词语不断出现，《即事》一诗中写道：“因思陆贾有名言，马上治之却又可。”

这才是清代南巡的战略目标，它并不是被动的，而是一种主动积极的政治态度，尽管乾隆帝处处表现了对汉人文化精粹的迷恋和倾心（包括展示皇帝个人的学术造诣和才华）。《南巡秘记》评此为：“其稽古右文，有明以来，七百年间无此盛轨。”

南巡的目的究竟是什么？一直有着多种的看法，但本书想强调的，是乾隆帝在“回复三代”暨粮政方面的努力失败以后，希望通过南巡确定一个新的行动目标。正如上谕所说：“朕省方观民，茂求上理。”

可惜的是，皇祖并不是那么好学的。不过，乾隆皇帝的这一目的虽未能实现，却顺势有意无意地把政治的重心做了重大的调整。

清代江浙地区部分南巡行宫分布图

贰

第一次南巡

乾隆六年七月，乾隆帝奉皇太后至热河避暑山庄，八月至围场狩猎，首次举行“木兰秋狝”典礼，自此揭开了四处巡游的序幕。乾隆八年秋，首次东巡谒陵。乾隆十一年九月，西巡五台礼佛。乾隆十三年三月，东巡曲阜祭孔，并祭少昊、周公，祭东岳泰山。乾隆十五年十月，巡行嵩洛、开封。乾隆十六年，开始南巡。

一般认为，南巡是从乾隆十四年开始筹备的。实际上，早在乾隆九年，皇帝即钦差亲信大臣讷亲查阅河南、江苏、安徽三省营伍，并验看河工、海塘，便道检查天津、河间赈务。六月，上谕：“闻江南、浙江、河南数省预备公馆，供应过于华盛，而江、浙为尤甚，揣摩逢迎无所不至。甚至有言讷亲此行，乃朕将来南巡之意，是以圣祖向曾驻跸胜概，无不整饬，以待讷亲观览，此语更属荒唐。”

乾隆时人程穆衡记云：“乾隆九年，讷亲奉命由山东巡阅江南、江西营伍，各督抚提镇款待过于乘舆。江南抚臣陈大受至启圣祖南巡诸离宫，修饰奉之。游宴所至之处，绮绣地衣，彩棚香灯，动接百里。广罗珍器古玩，自通衢陈设至于馆舍，过后从奴收卷一空。进食每具珍膳，多者至百余扛，宰杀每物动以千计。倾国聚观，田舍皆空。父老或释耒而叹曰：‘生人大福要有分限，我侪幸未死，观此人作何结局！’”

从讷亲所经路线及督抚迎送规模来看，南巡之举已箭在弦上，讷亲不过是借阅视营伍及河工、海塘之名，为皇帝次南巡做一番实地考察。所以《南巡记》亦云，“盖南巡之典，始于十六年辛未，是即迟也”。

后来谏阻嘉庆帝南巡的吴熊光亦曾说：苏州虎丘“实一坟堆之大者”“城中河道逼仄，粪船拥挤，何足言风景”？据说，“坟堆”“粪船”两语，即引乾隆初故相讷亲奏疏所言。看来讷亲对南巡的态度，即不无可疑。

乾隆十三年九月，上谕又说：“从前尹继善同安宁在山东地方，商欲奏请南巡。后因南巡有旨暂停，遂尔中止。”

乾隆十四年十月，内阁奉上谕：

“江南督抚等以绅耆士庶望幸心殷，合词奏请南巡，朕以钜典攸关，特命廷臣集议。今经大学士九卿等援据经史，且仰稽圣祖仁皇帝六巡江浙，谟烈光昭……

“朕轸念民依，省方问俗……江左地广人稠，素所廑念。其官方戎政、河务、海防，与凡闾阎疾苦，无非事者。第程途稍远，十余年未遑举行。

“尝敬读圣祖实录，备载前后南巡，恭侍皇太后銮舆，群黎扶老携幼，夹道欢迎，交颂天家孝德，心甚慕焉……既询谋佥同，应依议允从所请。

“但因明年秋幸五台，经太原，历嵩洛赵魏，回銮已涉冬令，南巡之举当在辛未年春，正皇太后六旬万寿之年。”并对南巡时间的确定、向导人员的派出、费用的开支，以及沿途的准备，一并给予指示：

“向导人员，朕酌量先期简派前往。清跸所至，简约仪卫，一切出自内府，无烦有司供亿。至行营宿顿，不过偶一经临，既暂停亦不逾旬日。前岁山左过求华丽，多耗物力，朕甚弗取，曾经降旨申饬……

“至名山古迹，南省尤多，亦只扫除清洁，足备临观而已，无事崇饰。倘有倾圮，随宜补葺，悉动用官项，且有吉庆所奏淮商愿捐之项可以报销……其民间张灯结彩，圣祖尝以为戒，载在方册，宜共恪遵，其慎勿以华侈相尚，所司当通行晓谕。”

南巡一事决定之后，派向导大臣兆惠（正黄旗护军统领）、努三（正蓝旗护军统领），驰驿前往直隶、山东、江南、浙江四省，会同总督、巡抚等共同勘察巡行路线及沿途应设的行营、尖营（中伙），计往返旱路一千四百四十二里，计二十八站，水路一千二百九十四里，计十七站。共二千七百三十六里，四十五站。往返共五千八百四十里，分为九十七站，平均每天行走六十里左右。“所有分派营盘、中伙、道路、桥梁，皆仰体圣意筹画，不扰民间坟茔，不伐树木，不拆毁房屋。路虽稍觉绕道，惟取易于修葺，期于公私有益”。

半年后复派向导大臣再次查看，密将面奉谕旨备细宣示。“沿途道路桥梁各项俱应听从民便，不必过于开广，经由街市只须打扫洁净，不可动民房寸椽片瓦。凡有应行修建工程与预备什物，事事委员动支公项撙节办理。”

并就南巡预备事宜的开支报销，御舟、布城和蒙古帐房，沿途安设台站，筹办车辆，随从官兵及需用马匹，需用船只数目，派拨河兵三千名供行舟揽纤，南巡中祀典、礼仪，皇帝出巡的仪杖执事等事宜，做出安排。

“明春恭值圣驾南巡，一切预备事宜钦奉恩旨，例应报销者俱令动用公帑。臣等督同总办司道逐一筹议：如道路、桥梁、码头、营尖、茶棚等类，系例应报部者，著动支藩库钱粮；行宫、名胜及附近上山道路，并铺垫、陈设等类不应报销者，著动支运库（两淮盐运银库）商捐银两，均经分别饬办在案……”

《高宗实录》中记载，“此次巡幸，沿途颇有倒毙疲乏驼马，余多疮瘸羸瘠。回銮之时曾将山东标营驿站马匹通融，共抽拨马四千五十五匹换补”。

“其礼仪有如：一，圣祖仁皇帝圣德如天，銮舆所届，特于会稽禹陵、江宁明太祖陵亲行奠献，允足以树无前之芳规，昭万世之法守；一，康熙二十三年圣祖仁皇帝南巡渡河，遣官祀河神……今次皇上南巡由宿迁登舟过淮扬抵江浙，河渎、淮渎、江渎之神并应秩祀；一，御道经行三十里内先贤勋臣、名臣忠烈祠墓理应致祭。”

南巡中马匹、船只和车辆是必备条件。首次南巡，随行大臣三十二人，侍卫章京官员六百一十一人，拜唐阿兵丁二千五百五十九名。大臣每人给马五匹，侍卫官员每人三匹，护军每人二匹，其余人员每二人给马三匹，共用马六千六百九十匹，这些马匹乃从京师走到江苏宿迁顺河集，大队在此改乘船只，马匹留驻，因此江苏和浙江两省另要各备马四千匹左右，总共动用马计近一万五千匹。御用船只有安福舻一只，翔风艇一只，湖船二只，扑拉船一只，由管理漕粮的仓场衙门监造，装饰极为精美，平时贮存于天津船坞，专供南巡使用。其他人员，大臣每人给船一至二只，侍卫二三人一只，兵丁八九人一只，共用船四百四十一只。

南巡途经直隶、山东、江苏、浙江四省，每到一站，地方官要带领兵丁前来接驾，当地百姓要跪在道旁欢迎，还有外府外县各乡各镇前来观光的百姓，“不下数十万人”。尤其是沿途经由的大城市，因南巡突然增加许多临时户口，都必须保证供应。

官府在南巡之前，先截留江浙两省漕粮几十万石保证地方粮食充足，又命各省铸币局增铸铜钱数万串，以备买卖货物兑换使用。为避免物价上涨，沿途地方官预备大量米面蔬菜柴炭等物，于巡幸队伍驻营地一里之外，设立买卖街。水路则于清江浦、扬州、镇江、苏州、嘉兴、杭州等城预先装船运去大量物资，“可为数日之需”。

各地方除此之外，还要备办大量黑豆草料，供马骡吃得膘肥体壮，以供乘用。皇帝在南巡途中，要专门从京师带茶房用乳牛七十五头，膳房用羊一千只，预先送往宿迁、镇江等地，不足使用又源源后继运送。在直隶境内用香山静宜园泉水，至德州入山东境用济南珍珠泉水，过红花埠入江苏境后用镇江金山泉水，到浙江则用杭

清乾隆第一次南巡往返路线示意图

州虎跑泉水。

每次南巡还要调发大量民夫役力。跸路经行之处，要修整道路，御道标准是帮宽三尺，中心正路一丈六尺，均要求坚实平整。凡石桥石板，都要用黄土铺垫，所经道路，一律泼清水去尘土。水路河道狭窄之处要加宽，障碍要拆除，必要时甚至拆桥让路。御舟共用纤夫三千六百名，分为三班，一律穿戴整齐。途中供休息的尖营、茶棚、凉棚、替换下来的马匹等项，都要大量民夫备办看管。

乾隆十六年正月，乾隆帝奉太后自京师启銮，首次南巡。车驾一行经直隶、山东南下，前往目的地江浙，上谕：

“朕命驾时巡，周览风俗，观民察吏，惟日兢兢，三吴尤素所念也……自我皇祖圣祖仁皇帝，巡幸东南，先后六举，历今四十余年。盛典昭垂，衢谣在耳……”

这充分表现了乾隆帝心中的“江南情结”和“法祖省方”的意念。因此免乾隆元年至乾隆十三年江苏积欠地丁银二百二十八万余两、安徽积欠地丁银三十万五千余两；复因浙江节年以来并无积欠，蠲免当年应征地丁银三十万两。

又谕：“南巡江浙，经过地方。虽一应供顿，俱令动支公项；而安营除道，未免有需民力。著将直属所过州县本年应征额赋，蠲免十分之三。自是南巡皆如之。”

仿康熙帝历次南巡频加试额旧例，命江苏、安徽、浙江三省当年岁试文童，府学及州县大学增取五名、中学增取四名、小学增取三名。

正月，车驾发京师。

《乾隆南巡图》第一卷《启跸京师》

首先赫然入目的是宏伟壮丽的北京正阳门箭楼和城楼。正阳门前护城河上，横架着雕栏玉砌的汉白玉石桥。桥前宽阔的大街上，一座朱碧辉煌的牌坊耸立在当中，牌楼的坊额上楷书大字“正阳桥”，这就是前门大街五牌楼。

这时，数十名骑在马上、手擎豹尾枪和腰挎弓矢仪刀的侍卫从正阳门中走了出来，过了护城河，跟随前面的大队沿西河沿大街向西行进。两面殿后的黄龙大纛旗，在领侍卫内大臣、司纛侍卫长和建纛亲军的护卫下，正走在正阳门前的石桥上。

五牌楼迤南的大街上，一道蓝布围幛拦街遮断。围幛以外，一些官民人等正在此回避。

南巡的大队人马车辆沿大路西行直到宣武门前，所经过的这一带，街巷纵横，楼舍整洁，店铺林立，百货纷陈。通过一处处争相招徕过往顾客的招牌匾额，画家着意描绘了当时北京城的繁荣盛况，如“本商自置云贵川广苏杭各省上品杂货发贩”“本铺定做时式朝靴缎鞋镶袜俱全”“各色大布、时青大布”“绉纱手帕”“苏杭绸缎、包头汗巾”“各色翠花”“靴鞋老店”等，比比皆是。“南酒、海菜、风鱼、皮蛋、海参、燕窝”“干鲜果品、川广杂货、金华火腿”“酒坊”“奶茶”“奶干”“龙井、毛尖、雨前、松萝、花香、芥片、雀舌、寿眉”“武夷、六安、洞庭、普洱、春茗、芽茶”“石塘名烟”“济宁油丝、福建浦城”“烧酒牛烛、名烟茶叶”，还有“南纸笺帖、绫绢款扇”“纯毫名笔”“精裱名人字画”，一家家招牌幌子相邻相望。

◉ 乾隆南巡图·启跸京师（局部）

"整容、取耳""弹染、织补"也夹杂其中。"大年堂川广云贵各省道地药材发贩""大年堂依古炮制各种饮片丸散俱全""药酒膏药""银局""国宝源庄""堆金""积玉""聚宝""富有",都分外引人注目。在一处寺庙的左右,"虔造供佛沉檀上品名香""虔造各种上品名香"是礼佛用品的市招,店铺的大字匾额写着"万香楼"。一座整齐的寺院大门两边是一副对联:"常霑法雨,广种福田""慈云普被,慧日常辉",寺庙门额上挂有横幅:"祝国佑民"。另一处寺院大门两边的对联是"聿修厥德,长发其祥""法立普护,甘露长滋"。

长长的街巷里,夹杂在店铺之中也有几处住户。几家大门上都贴着对联:"和风甘雨,瑞日祥光""东皇推出,南极吹来""居之安,平为福""迎晓日,集新春""江山一统,天地同春"。这些春联充分显示了京师新年的节日喜庆气氛。路边一座衙门双门紧闭,上贴"翰林院封"的封条。说明春节期间衙门也封印、封门,欢度新年。过了宣武门前,转过菜市口,大大小小的店铺、商号迤迤逦逦直到广宁门(今广安门)前。

这时乾隆皇帝在前引后扈之中已到达广宁门外。他头戴黑色行冠,身穿石青色行褂、黄色行裳,足着黑色缎靴,骑一匹白色骏马,在九龙曲柄黄华盖下,面色平和,缓缓前进。

在皇帝前面,浩浩荡荡的卤簿仪仗已排列到四十里以外的卢沟桥上。卢沟桥横跨在永定河上,两侧栏板望柱上的石狮子历历可见。桥下河面冰凌尚未解冻,一道道裂纹告诉人们仍是早春天气。桥上仪仗最前面排列着《铙歌大乐》所用的乐器:大铜角(大铜号)、小铜角(二铜号)、金口角(唢呐)、云锣、龙篴(龙头装饰的横笛)、平篴、管、笙、铜鼓、金钲、铜点(形如铜鼓而小)、铜钹、行鼓和蒙古角。每种乐器或二,或四,或十六，或二十四，每件有一名执事人手持吹奏，一直摆列到宛平县城门口，并已进入城内，但是云气缭绕的城垣遮住了人们的视线，按照乾隆十三年改定的卤簿定制，应该依次出现的许多仪仗均未得见。

……

画卷中卢沟桥迤南的大路上，正在清扫街道，有些人扫街，有人抬着水桶，沿街泼洒。卢沟桥桥头和往南的大路上，不少挎刀的官吏、士兵，或徒步，或骑马，三三两两在大路上巡逻放哨。沿街的店铺不少，店门大开，市招高悬，家家门前都摆着香案，为“圣驾南巡”焚香致礼。不少路人行色匆匆，许多车辆、骡马和骆驼都满载重负，成群结伙地向南走去。另外还有两顶轿子各由四名差役抬着南行。长新（辛）店汛和塔洼汛的衙署门前，也都摆着香案，戎服佩刀的官吏整齐地列队门前，恭候皇帝的到来。塔洼汛以南，画面上出现了一座宝塔和城楼的一角，这大概是良乡县城。城楼前面一座牌坊耸立在大路中间，许多官员、士兵，还有不少民人百姓，或手扶长杖，或牵携儿童，三三五五地在牌坊四周向北张望，似乎是在等候瞻仰皇帝的仪容。几个挑担的小贩夹杂在众人中间，有的放下了担子，停在路边；有的南来北去。顺着大路再向南行，在一片刚吐新芽的树林之中，又出现了一座牌坊。牌坊南面一片房舍俨然，这大概就是良乡县黄新庄行宫了。牌坊和行宫前后，三三两两的官员一面互相交谈，一面向北张望。几名差役仍在大路上和行宫前洒扫。

……

二月初，御舟渡黄河，阅天妃闸，阅高家堰。过淮安，见城北一带内外皆水，虽有土堤为之防，而人烟凑集之区，虑河水异涨，

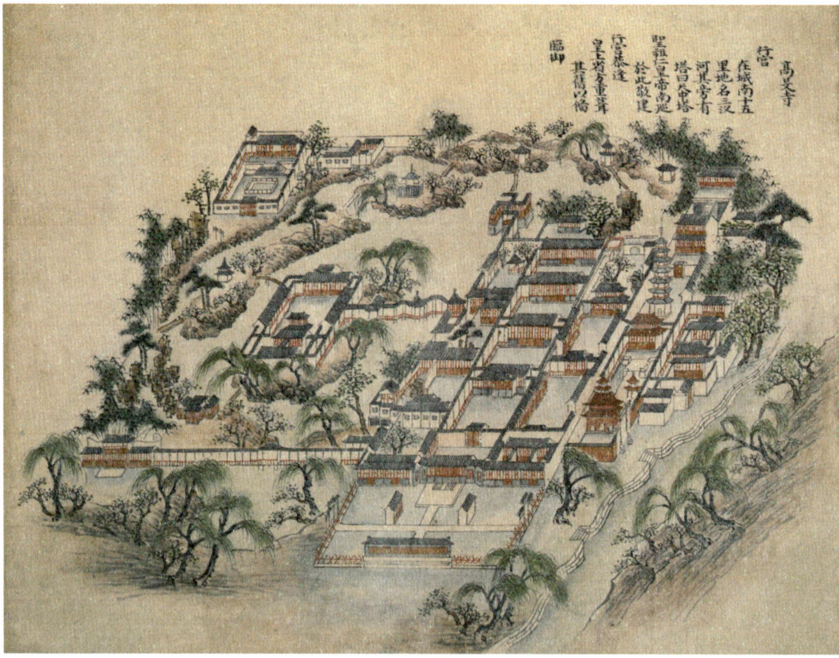

高旻寺行宫

命筑淮安城北石堤。

驻跸扬州高旻寺行宫。以两淮盐商踊跃报捐，命将两淮纲盐、食盐于定额外，每引赏加十斤，不在原定成本之内，俾得永沾实惠。两淮盐商，迎接皇帝，争妍斗艳，极尽铺张奢华之盛，详见李斗《扬州画舫录》卷一。

又据《扬州行宫名胜全图》载，扬州行宫共建宫殿五千一百五十四间，亭台一百九十六处，行宫内原本没有梅花，但因得知皇帝喜欢赏梅，当地人抢栽了上万株梅花。当日之奢华，又可于皇太后生日贺典见其一端：乾隆十六年十一月十九日，以皇太后六十大寿在即，奉皇太后游幸万寿山。

自万寿山至西直门路旁经坛、戏台等点景俱由内务府备办，自西直门外高梁桥至大内西华门十余里间，则在京王公大臣及各省督抚分段布置，张设灯彩，结撰楼阁，其中“广东所构翡翠亭，广二三丈，全以孔雀尾作屋瓦，一亭不啻万眼。楚省之黄鹤楼，重檐三层，墙壁皆用玻璃高七八尺者。浙省出湖镜，则为广榭，中以大圆镜嵌藻井之上，四旁则小镜数万，鳞砌成墙，人一入其中，即一身化千百亿身”。

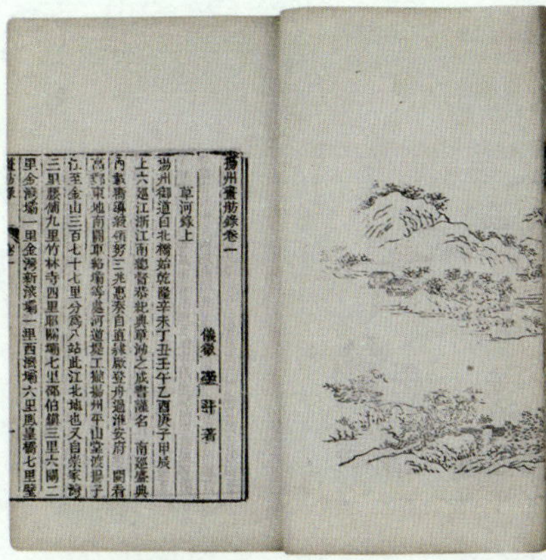

◉《扬州画舫录》书影

一路“每数十步间一戏台，南腔北调，备四方之乐，侲童妙伎，歌扇舞衫，后部未歇，前部已迎，左顾方惊，右盼复眩，游者如入蓬莱仙岛，在琼楼玉宇中，听霓裳曲，观羽衣舞也”。当皇帝奉皇

◉ 扬州行宫名胜全图（局部）

太后经过时，“文武千官以至大臣命妇、京师士女，簪缨冠帔，跪伏满途”。

时赵翼在京师，曾亲往目睹，叹为“此等胜会，千百年不可一遇”。而景点之豪奢糜费，连皇太后亦不能心安，“甫入宫即命撤去”。

言归正传，乾隆帝南巡一路之上，遣官祭金龙四大王庙，河渎、淮渎、江渎之神，祭江神、海神。随驻跸金山江天寺行宫，游焦山。祭先师孔子。遣官祭周泰伯祠（御书泰伯祠匾曰“三让高踪”）、先贤言子祠（御书曰“道启东南”）、宋臣范仲淹祠（曰“学醇业广”）、韩世忠祠（曰“中兴伟略”）。

二月下旬，驻跸苏州府行宫。接见准噶尔使臣额尔钦等（当年十一月得知准噶尔内乱，几年后遂有平准之役）。谕三吴士庶，各敦本业，力屏浮华。遣官祭吴越王钱镠祠（赐祠匾曰“忠顺贻庥”）、唐臣陆贽祠（御书曰“内相经纶”）、宋臣岳飞祠（曰“伟烈纯忠”）、明臣于谦祠（曰“丹心抗节”），御书紫阳书院匾（曰“白鹿遗规”），遣官祭历代帝王庙。

其间，上谕：“大江南北，土沃人稠，重以百年休养，户口益增，习尚所趋，盖藏未裕，纷华靡丽之意多，而朴茂之风转多未逮。夫去奢崇实，固闾阎生计之常经，而因时训俗以宣风布化，则官兹土者之责也。凡士庶更宜各敦本业，力戒浮华，以节俭留其有余，以勤劳补其不足。将见康阜之盛益增，父老子弟共享升平之福。”

《乾隆南巡图》第六卷《驻跸姑苏》

一片水乡景色中，江南运河在春树掩映里从中流过。运河中一艘高悬黄龙旗的巨舟缓缓东行，两岸各有一队河兵，在校尉督率下弓背拉纤。巨舟船头有六名护卫侍立，船舱格窗紧闭，后舱楼上有二侍女凭窗眺望。这艘巨舟当是乾隆生母“孝圣宪皇后”所乘的皇太后御舟。御舟后面十来艘大小不等的船只满载官员、侍从人等在后面跟进。

前方不远处是长洲县南的望亭镇。运河北岸一座结彩的牌坊高矗，牌坊上楷书“万国欢腾”几个大字。牌坊下设有香案，案上香焚烛燃。河南岸设有一座高大的戏台，台上五名装扮成仙女的演员正翩翩起舞，上演的似是“群仙祝寿”。二三十位身着“品服”的“命妇”整齐地跪列河岸，恭迎太后的临幸。许多百姓也跪在岸边恭候，还有些人则立在远处朝这边观望。一道蓝布帷幕跨过小桥，沿河岸竖立。这是告诉过往的官民人等到此回避。

……

一座高大的单拱石桥横跨在古运河上，这应该就是枫桥了。这座古桥，伴随着寒山寺的钟声早已声名远播，流传千载。

过了枫桥，运河边上出现了一座瞭望台，台高两层，可以缘梯而上，旗杆上面小旗迎风飘动。这里似是铁岭关。

村舍中又有几处亭台，两岸有不少官员，或在交谈，或在游览水乡的景物。一些年老的乡民和幼童，也在岸边朝河上游观望。沿着运河东行，再过一座石桥，这可能是下津桥，东边一座七级宝塔高高地矗立在山丘之上。这就是虎丘山上的云岩寺宝塔了。

沿着山塘河行进已接近苏州府城，过了渡僧桥，远望城楼耸立，已进入苏州最繁华的阊门闹市区了。阊门内外，外城河畔，街巷纵横，楼舍密布，行人如蚁，店铺林立。“本斋专做宫绢花笺”“各种纸张简帖雅扇”“本

◉ 乾隆南巡图·驻跸姑苏（局部）

店自制各色绸缎布疋丝棉茧绸”“纱缎老店绫罗纱绢”“斜纹布庄”“大成广记”“日升隆记”……“本店自制苏松勘着”“加染真青鲜明五色”“各种大布一概俱全”。一家家绸缎布疋争新竞艳。“什锦火锅、徽苏大菜（楼下）”“河鲀大面、加味馄饨（楼上）”“三鲜大面、五簋大菜”“包办酒席”“佳选名酒、惠泉三白”。一处处风味小吃、酒席大菜，高中低档，各显特色。“估衣店”“靴鞋店”“瓷器”“铜锡器皿”“南北杂货”“京苏杂货”“棉花行”“古今书籍”“书林”“书画寓”，五行八作，沿街相间。

这时，阊门前外城河上的吊桥已到眼前。吊桥上来往的官民人等挨肩接踵，不少人立在桥头观赏姑苏的盛况。吊桥之下，大大小小各色船只，首尾相接，并驾争流。明代吴门画家唐寅曾有一首《阊门即事》写道：“世间乐土是吴中，内有阊门又擅雄。翠袖三千楼上下，黄金百万水西东。五更市贾何曾绝，四远方言总不同。若使画师描作画，画师应道画难工。”而乾隆时期的姑苏，其繁华已比明代中叶更大有过之。

沿外城河向南，胥江自西南流来汇入外城河，河面渐宽，清波粼粼。一座宽大的长桥高架在外城河上，桥上行人东来西往，叫卖着的小贩，担担的、骑马的夹杂其间。桥头的石坊上写着三个大字“万年桥”。万年桥号称三吴第一桥，是当年热闹繁荣之地。石坊旁边有一座碑亭，四周栅栏中竖立着一通石碑。这应是胥门外的万寿亭。据《苏州府志》记载：康熙二十三年十月，清圣祖首次南巡到达苏州后，曾谕江南总督王新命、巡抚汤斌等：“朕向闻江南财赋之地，今观民风土俗似觉充盈，但乡村之饶、民情之朴不及北方，皆因粉饰奢华所致。尔等身为大小有司，当洁己爱民，奉公守法，激浊扬清，体恤民隐，务令敦本尚实，家给人足，以副朕老安少怀之至意。”督抚遵奉圣谕于江宁、苏州、安庆三处，书刻立石以示久远。苏州则于胥门外日晖桥南，建万寿亭，树碑其中。

过了万年桥就是胥门码头了。外城河边停泊着大大小小的许多船只，其中最大的三艘都挂着黄龙旗。码头上，骑马的官员、接官的轿舆、搬运的伕役、跟班的仆从……到处是一片繁忙。

进了胥门，呈现出一片肃穆的景象。宽阔的大路两边，各有数十名顶戴袍服的大员沿街依次跪列。一对对骑马挎刀的御前侍卫在前面引导，九龙曲柄黄华盖下，乾隆皇帝身着石青色行褂，头戴红绒结顶青色行冠，骑在一匹白马上，后面十几名御前大臣和带刀侍卫簇拥着皇帝缓辔行进。豹尾班侍卫还未走进胥门。路旁的衙署和沿街民户门前都设立香案，焚香燃烛。胥门内路边设有结彩戏台，几名演员正在装扮，准备登场。几名带刀的官吏在城门旁侍立。

再往前，直到饮马桥头，长长的道前街两旁跪满了顶戴袍服的官员，高大的结彩牌坊相距不远就有一座，坊额上大字楷书："圣恩浩荡""帝治光华"。大街中间，一对对挎刀御前侍卫策马走过，后面一顶黄色九龙曲柄伞，由一名骑马的侍卫高高举着，左右有几名侍卫护持着骑马前进。这是皇帝临幸姑苏在前引导的导盖。

沿街店铺比户相连，家家门前都摆着香案，香烟缭绕。路边的几座戏台都已粉墨作场，戏台上的管弦歌声和石板上的马蹄声杂踏喧嚣混成一片，似乎从画面传了出来。几处巷口都设立了蓝布帷障，许多行人骡马被拦在外面回避。桥下清波粼粼，姑苏城春树万家，一片升平欢乐的景象。

过了饮马桥，大路向南折行，依然是衢巷纵横、楼舍栉比，又是几处悬灯结彩的牌坊，前边两座牌坊的坊额上大字楷书："天开寿域""世际春台"。几处锣鼓管弦的戏台，遥遥相望。店铺门前挤满了沿街站立的人群，官民老少，还有僧人道士挤在中间，都在恭候一睹皇帝的"天颜"。这时几匹快马飞奔东去，似是传报"圣驾"将临。巷口也都设立了帷幕，帷幕外行人三三两两在相互议论，有人还从帷幕缝隙向街心张望。

沿大路东转，过了带城桥，转过路口的大戏台，一条长街上气氛肃静下来。跪列道旁的官员、沿街拥挤着的人群都不见了。只见三三两两的官员校尉分布在牌坊左右，沿长街依次竖立的几座牌坊上写着："圣寿齐天""壤击衢谣""响彻嵩衡"……这条长街就是带城桥下塘。长街北面，一片片楼堂厅榭，掩映在绿荫花木之中。仔细看去，在一处殿堂前的绿荫中，那座著名的太湖石——瑞云峰呈现出来。画家巧妙地告诉人们：这里就是乾隆帝下榻的苏州织造署行宫了。行宫周围还可以看见远处悬灯结彩的戏台和围在台前的观众。

沿运河入浙江，"缅昔皇祖圣祖仁皇帝时巡所至，优奖士类，一时硕学通才，多蒙鉴拔"，议定：江苏、安徽进献诗赋之士子赴江宁考试，浙江进献者在杭州考试。寻浙江考中谢墉等三人，特赐举人，授为内阁中书；江苏、安徽考中钱大昕等五人，亦照浙江之例擢用。嗣后乾隆二十二年、乾隆二十七年、乾隆三十年、乾隆四十五年、乾隆四十九年南巡省方，凡进献诗赋人员皆分别考试，派大臣阅卷进呈，取中人员，准做举人，授为内阁中书，学习行走，其原系进士者，授内阁中书，遇缺补用。

驻跸杭州圣因寺行宫，幸敷文书院，幸城外观潮楼，阅兵。颁赐江浙各书院武英殿新刊十三经、二十二史。并谕："经史，学之根柢也。会城书院，聚黉庠之秀而砥励之，尤宜示之正学。朕时巡所至，有若江宁之钟山书院、苏州之紫阳书院、杭州之敷文书院，各赐武英殿新刊十三经、二十二史一部，资髦士稽古之学。"遣官祭明

◉ 乾隆南巡图·驻跸杭州（局部）

◉ 乾隆南巡图·江宁阅兵（局部）

臣王守仁祠（赐匾曰“名世真才”）。亲祭会稽禹陵，行三跪九叩礼。

三月初，回銮，渡钱塘江，至杭州。阅兵。谕浙江士庶崇实敦让，子弟力田。先是，舒赫德等奏，钱塘江大溜趋中小亹，畅行无滞，浙江海塘工程稳固，南巡时不必亲临阅视，可于杭州城候潮门外观潮楼察看潮势。故此次南巡未亲阅海塘。

南巡时，乾隆帝曾问天台山雁荡古迹于齐召南，以未经游历对。询其故，对曰：“山势岩峇，溪深流险。臣有老母，孝子不登高、不

临深，是以不往。”皇帝适奉太后南来，闻言遂不复幸浙东。

按：亹，峡中两岸对峙如门的地方。钱塘江口江流、海潮出入有三个口门：位于龛、赭两山之间者称南大亹，位于赭山与河庄山之间者称中小亹，位于河庄山与海宁城之间者称北大亹。乾隆时，南大亹基本已淤，乾隆十二年至乾隆二十四年间海潮主流走中小亹，塘工平稳，南北两岸少潮灾。首次南巡，接受舒赫德等建议，仅登观潮楼阅视海潮。乾隆二十四年以后，海潮主流多从北大亹出入，海宁沿海一带潮灾严重。

驻跸苏州。幸宋臣范仲淹祠（赐园名“高义”），并赐其后裔范宏兴等貂币。遣官祭晋臣卞壶祠（赐匾曰“典午孤忠”），宋臣曹彬庙（曰“仁者有勇”），明臣徐达墓（曰“元勋伟略”）、常遇春墓（曰“勇动风云”）、方孝孺祠（曰“浩气同扶”）。

三月下旬，驻跸江宁府行宫，阅兵。祭明太祖陵，行三跪九叩大礼，并令加意保护明孝陵，陵区不准樵采放牧。

至京口祭江，奉皇太后渡江。行至高家堰，阅视堤工，循堤而南，越三滚坝，至蒋家闸，遂筹定洪泽湖五坝水志，畅开清口。

四月，御舟驻跸顺河集，改陆路。至山东泰安府，岱庙瞻礼。

五月初四，奉皇太后返回京师，幸圆明园。首次南巡经直隶、山东、江苏、浙江四省，历时一百一十天，行程五千八百余里。

此次南巡各项开销，据日后江苏巡抚庄有恭所奏，预备道路、桥梁等类例应报部者，动支司库正项银十四万九千七百九十六两；名胜、陈设等类不应报部者，动用商捐银十五万两、司库闲款及各属公帮罚项银二十六万八千五百五十五两。共计五十六万八千三百五十一两。

叁

以伪奏稿案为始的文字狱

南巡，也有令人不愉快的一面。

南巡所耗费的财力物力，其数目是难以统计的。乾隆十五年五月，初次南巡尚在准备之中，河南道御史钱琦上奏揭发江南总督黄廷桂授意知县，“令铺设备极华靡，器用备极精致，多者用至千余金，少亦五六百金，且有随从员役任意勒索，该督复差员往查，惟恐稍有简略”。皇帝却认为“言之不免过当”，可能是以为办差为苦之人，“或散布流言，张大其事”。

据时人记载，黄廷桂严催督急，州县奉行不善，科派地方绅富各人承办，人心惶惶。刑部员外郎蒋楫，家住苏州，“乃独力捐办（苏州地方）御跸临幸大路，计费白金三十余万两，亲自督工，昼夜不倦”。

仅苏州府修御路即用银三十万两。其他还有许多扰民之处，难以数计。乾隆十六年三月癸卯，总理行营大臣大学士傅恒等奏："粘竿拜唐阿德克新，在杭州强入民家，酗酒滋事"；四月癸未又谕："朕凡巡行所至，一切桥道营盘，俱令动用官项。上年河南巡抚鄂容安办理不善，竟据士民情愿捐输准充公用，此类事亦不可免。"

据说，修御路即已经拆了不少民房，御路两旁凡比较破旧的民房也要拆毁。按照规定，所在州县对每间被拆瓦房发放一两银子的补助（草房半两），云云。

自乾隆十三年末黄廷桂总督两江，其为政风格颇为江南士民所不满，至办南巡大差，督责严刻操切，更使民情汹汹。时袁枚居乡，特致书黄廷桂，谓"公治西川，又治甘肃，皆边地也……机贵神速，非得已也。若南民柔弱，无所用之。公侦事委之武弁，武弁托之兵丁，此辈不知是非，东驰西突，所在驿骚，即付有司鞫讯，逐层核转，纵或深明无罪，立释拘系，而被访之人，已弃产破家而不可救"。故曰"公可以治边防，不可以治中土"。

又谓"南巡所治桥梁山川，原许开除正供，不必门征户罚，况诏书重叠，唯恐累民，而公故欲反之。公之言曰：'南民狡狯，无忠爱之心，故一大创之。'不知钟爱者，民之油然自生者也，非可以威力取也"。

又谓"公之盱衡厉色，呵官吏而忤朝贵者，岂公之性哉，盖公之术也。从来英明之君，恶人沽名，尤恶人立党。上之英明冠百代者，公知之深矣。务在孤行一意，时时为率作兴事毫无顾忌之状，使官民诅我詈我，而我之不好名，明矣。内而九卿六曹，外而抚司提镇，从不以寒暄相接，使人人口无好语，则我之绝攀援而无党也，又明矣。纵有过失，难免弹射，而一托之于招怨有素，使上若曰：‘黄某者，孤立之臣也。彼只知有君耳，愚民憎之，同列忌之，是宁足相排笮耶。’愈毁之，乃益所以深誉之，久而人人知其毁之无益，则不复有以蜚语上闻者矣”。

其实乾隆帝对黄廷桂亦非没有看法，如乾隆十二年四月谕：“汝总以不善交结，不肯逢迎自居，此即汝巧处也”；乾隆四十四年二月丁丑谕：“黄廷桂之为人，论不免谓其深刻。间或近于揣摩朕意者，容或有之；若直言极谏，则实无其事。”

闰五月，上谕：“黄廷桂在两江总督之任两载有余，朕详加体察，伊于江省不甚相宜。盖南人风气柔弱，而黄廷桂性情刚躁，几于水火之不相入。此番办南巡差务诸事，该省吏民畏惧之心胜，而悦服之意少。黄廷桂喜怒之间亦不得领要，受其呵斥者，固不能无怨；即为奖许者，亦不为感。久之，将何以行其威令。必令久于江省，未免用违其长。陕甘民情，本属阳刚，于黄廷桂性情为宜。”遂命黄廷桂调陕甘总督。

乾隆十三年第一次“金川之役”，前线需人，黄廷桂就与尹继善有过一次调换；此时又有了一次互换，从不久就发生的“西师之役”来看，无论如何，他们都是旗人，都是皇帝特别信任的大臣。而最终皇帝“盖

◉ 尹继善像

棺论定”，黄廷桂（汉军镶红旗）被赞为“五督臣”之首，相比而言，更得人望的尹继善（满洲镶黄旗）只居其次。

袁枚的文章脍炙人口，不胫而走，我们虽然不能认定它对最高决策起过什么作用，与以后势态的发展，却若合符节。不管皇帝是否偏爱，到底走了“黄老虎”（黄廷桂），来了“吉甫（春秋时期贤人）”尹继善，江南人民终于松了一口气。

南巡，本是为展示满族统治者的“新形象”，但没想到会受到那么多的批评，对乾隆帝来说，这恐怕就是最令人不快的一件事了。

自乾隆十三年东巡，地方大吏务求办差华美，以为取悦固宠之计，山东、河南绅民先后受到扰累。等到乾隆十四年备办首次南巡，总督黄廷桂督责苛急，三江两浙绅衿士庶，乃至地方官吏更激愤难平。

直到乾隆十九年二月，还有大僚动用正项，采买备建行宫木植，已运到工之事，致为皇帝批评。

至迟在乾隆十七年四月，山东已发现所谓《孙嘉淦奏稿》（一说正月即已在湖北发现）。众人纷纷传抄，并在各地流播开来。伪稿累万言，以所谓“五不解十大过”，指责乾隆帝即位以来之种种过误，尤为指斥南巡，难怪乾隆帝如此震怒！八月初五，云贵总督硕色首发其事。由是开始厉行查办伪稿作者，至乾隆十八年三月仓促收场，一个历时一年零七个月的追查“伪奏稿”的大案，便在十四个省份展开。

在审讯中发现，伪奏稿主要来自南方的一些省份，热衷于传播伪奏稿的主要是中下级官员，因为南巡的各项差务主要由他们去办，也许正是他们最希望停止南巡。伪稿的流传亦相当广泛，就连甘肃以及云贵土司境内等边远地区，都能找到抄本，有的甚至还有批语，难怪乾隆帝竟发出“其流传之广，一至于此”的惊叹。

因伪奏稿流传广，来源不一，涉案人多，追查将近一年，依旧是“了无头绪”。例如江南追查伪奏稿的源头查到江宁、扬州、宿迁、清河，又追到湖北、贵州。在湖南发现伪奏稿后，陆续逮捕了十几个人，在审讯中全都说是从别人那里传抄而来，当根据口供所提供的姓名去追捕时，不是已经亡故，就是查无此人。辗转追查，不得结果。

乾隆帝对此十分恼火，斥责各省督抚查办不力，“一切委之属员，辗转关查，拖延时日。而其中情伪百出，有挟仇扳诬者，有受嘱开脱者，有畏刑妄承者，甚至教供串供，附会迁就，株连扰累，不胜其烦，而正线转迷，首犯尚悠然事外”；关键在于“上下相蒙”“以模棱为大度”。追查的目标，似乎又不在其作者和传抄者，而指向了办事不力的地方官员。

自从查办伪奏稿以来，仅三个月的时间在四川一省就抓获两百八十余人，湖南巡抚一次捉拿十二三人，江西一次抓获十人。而到了乾隆十七年六月，除已查办者，尚未查清的与传播伪奏稿有关的案件就有四十四起之多。由于株连太广，御史书成呈请释放被关押疑犯，乾隆帝一面将其革职，一面却解释说：

“此案自硕色一面奏闻，一面咨拿根究。既已延乃数省，迟至经年，断无骤然中止之理。

“彼时朕意谓流言诪张，原可置之不问。但该督抚既经拿犯审讯，断无降旨反令不必查办之理。

“若但谓一切报罢，遂为息事宁人，则朕自御极以来，即可高居端拱，耽乐深宫。”

并表示此案“殊于大清国体统颜面有关”“关系风俗民心者甚大”，不得“畏难中止”。至此，似已成为骑虎之势。

直至乾隆十八年，以破获卢鲁生等所谓伪稿作者，勉强结案。据说，乾隆十五年七月，漕运总督所属江西抚州卫降调千总卢鲁生与南昌卫守备刘时达虑及办差赔累，欲制造舆论停止南巡。因工部尚书孙嘉淦以直谏名天下，为耸动人心，卢、刘二人遂密谋假托孙嘉淦之名，捏造《孙嘉淦奏稿》。

另据交代，伪稿乃乾隆十五年三月内在广东得来，给予卢鲁生同案犯刘时达之子刘守朴。从伪奏稿对乾隆时期大臣鄂尔泰、张廷玉、讷亲等的指斥来看，所言多乾隆十年以前之事。卢鲁生、刘时达可能会增加一些同南巡有关的内容，并不是伪奏稿的最初作者。但乾隆帝决定把二人作为替罪羊，并不愿再追查下去了。

是为乾隆朝中期第一个大文字狱。

如果说南巡是为了向时为经济与文化重心区的江南汉人“示威”，和宣扬满人自己新的统治文化，那么，在这一时期“恰好”出现“文字狱”，就不是什么“偶然”的了。

肆

其他文字狱

但事态的发展，却已超出了乾隆帝的想象。好像经济上的“需求”制造“供给”，在政治上越有需要，就会出现越多的“证据”。就在查办伪稿案的同时，出现了一大批的政治案件。

一时风起云涌，似乎遍地逆案了。当时正在中国的耶稣会传教士、钦天监监正刘松龄，在他寄往欧洲的私人通信中，就根据清军在金川的丢人表现，认为清朝的统治已经中衰。亏得“皇上圣明”，仍以“当此国家全盛之时”，而没有做出什么出格的判断，如乾隆十八年七月，直隶邢台县拿获邪教李起奉、王会等，上谕：

“方观承奏报邢台县访获邪教二折，其第一折内有必须严究交通，借名入教，谋为不轨情节之语。是以批谕所奏非是，盖谓邪教不能保其必无，必逐案皆究以不轨，是教之反叛也。

乾隆朝（乾隆十六年至乾隆十九年）文字狱

年份	月份	文字狱详情
乾隆十六年		孙嘉淦伪奏稿案
	八月	山西巡抚奏称：流寓介休之直隶民人王肇基呈献诗联，毁谤圣贤，狂妄悖逆。命悉心根究，是否系伪稿案内党羽。随即查明王肇基与彼案无涉，据王自供，系“尽我小民之心，欲求皇上喜欢”“要求皇上用我”。以王肇基“竟是疯人”，命将其立毙杖下，俾愚民共知炯戒
		在查抄伪稿的过程中，湖北发现金汝政抄藏妖妄逆书
	九月	泾州生员朱绍恺等，赴都察院首告平凉县人甘普妖言聚众，假号仙会，谋为大逆等情
乾隆十七年	正月	发现湖北民人杨烟昭疯癫丧心，“字迹卦图悖诞荒唐，语极不经”，命照山西疯人王肇基之例，立予杖毙
	三月	长沙人罗润珍在学政轿前递呈，供情恍惚，似有疯疾。谕：“此等癫狂之徒，自宜严行拘禁，或永远枷号。不得解赴原籍安置约束。”
	四月	发现马朝柱等立名天堂寨，聚众纠伙，起事反清事。败露后将各犯分别凌迟处斩，应枷责者，发落完结。此案首犯马朝柱远扬天外，经年未获。由于不能查明“西洋寨”之确切所在，而马又一再向信徒声称“西洋国”有明室后裔，是他的小主人，还有吴三桂后代及民间传说神奇人物李开花等，不日即将在西洋起事，带兵杀入中国，兴复明朝云云。因此乾隆帝疑虑重重，在以后持续多年的对马朝柱的搜捕中，甚至“一切欧洲人”，即“西洋人”，“都被看成了这个叛逆的同伙”，而受到逮捕和迫害
	十月	江苏郯城县差役，在附近邳州之南园地方，揭有逆帖，语多狂悖，且将邳州陶合社、范安仁祖孙父子俱列帖内，显有奸徒挟仇图害。看来与萧县卜涌一案伎俩相同
	十一月	曹州府郓县刘汉裔，挟嫌首控马姚班并平日怨家魏景白等，从邪教（即所谓“空子教”）谋反
	十二月	福建能溪等县拿获民人崇奉西洋邪教，严究有无交通外国，并此外传教伙党。上谕：“西洋人之崇奉天主教，究之尚与邪术煽诱有间。即如京师现有天主堂，亦何能遂至惑众。若必概行查拿，则未免滋扰，当以不必深究为是。”
		福建漳州府属平和、南靖地方，有蔡荣祖等意图谋反，印书“大宁国”字样，议定兵分漳州府城等地，寻被盘获，并获悉有营兵听从入伙，上谕：“若辗转根究，恐愈究愈多，其中倘有诬扳株累情弊，则兵情惶惧，人怀不安，非绥靖地方之道。此旨到日，其余竟不必再行追究。其已究出从逆各兵，虽系为从，必当即行斩决，以儆戒行，不可稍为姑息！”蔡荣祖凌迟处死，其军师冯珩戮尸
乾隆十八年	正月	山东滕县生员龙克灿等首告江南赣榆县人牛其禄等谋逆，参拜老堂，得受邪经。牛其禄首布邪言，煽惑人心，拟斩立决。龙克灿伙布邪言，复挪辞首告，拟斩监候，秋后处决
		广东东莞县莫信丰等散布伪札，欲奔增城县蓝汾山内聚众。复据增城、博罗二县讯报，华峰山及长平地方奸匪均有东莞县人倡率，似与该县之莫信丰一党。拟照英山（马朝柱）之例，严加处治
		增城县王亮臣等纠众结盟，欲图抢掠村庄，抓获一百余人，并起出白布伪诏及刀械旗枪等物

续表

年份	月份	文字狱详情
乾隆十八年	四月	泰安县民王尽性等捏造歌词，刻印货卖。照妄布邪言例，分别拟以斩决流徒。谕令将为首之人，立予杖毙。所撰歌词板片，严禁民间，不得再行传播。该抚奏折，亦不必存案
	五月	河南罗山县佥点官银匠，致其一汪沁心怀怨愤，商做马朝柱逆书一封，送至黄安，以图倾害罗山县官。上谕："马朝柱一日不获，此等侧见旁出鬼蜮伎俩不息。"
	六月	衍圣公孔昭焕奏，有一浙江人丁文彬投书一封。阅之语多狂诞，所携书二种，书面写《大夏大明新书》，又有伪时宪书六本，书"昭武"伪号。谕令凌迟示众
		襄阳县盘获信从天主教之曹应文等，写西洋番字，密相札寄，并假充钦天监差役，拟就近讯问，照例办理
		上元县查获僧人段中贤，于铺盖内搜出木盘护书等，检看中多悖逆之语，但类疯人所为
	七月	直隶、山西相继破获混元教案。首犯王会即行杖毙示众，余枷号、杖责发落
	九月	广西利瓦伊茂托名马朝柱，书写匿名揭帖，诬陷良民，立予杖毙
		台湾府属树旗陷害四案内，二案尚无悖逆情词，以绞候定拟；至大浪泵刘和林旗内有统领八社番民，以翦贪官等字，阿猴溪张凤喈旗内有李开花协同攻打厦门字样，尤属狂悖。此二案照捏造悖谬言词匿名揭帖例，拟绞立决
	十月	江苏拿获匪犯马自道，托名马朝柱书写匿名字帖，审讯明确，即予杖毙，不必题达
	十一月	江西金溪县生员刘震宇呈送所著《治平新策》一书，书内更易衣服制度等条，实为狂诞。著即行处斩，书版销毁
		泉州府蔡攀觊觎伊弟家赀，捏写逆词诬陷，帖内言词，不法已极，以其下笔时即属身为叛逆，因谕："比来奸民挟仇诬陷，发觉之案甚多。前已降旨各督抚，凡遇此等案件，研审明确，即行杖毙。俾奸民知所惩儆，庶刁风可以少息。"
乾隆十九年	二月	陕甘拿获逆犯陈琨等倡立邪会，散布逆帖
	闰四月	四川拿获捏造妖言，倡立邪教为首之陈子学，即行正法
	六月	广东四会县拾李捷三逆禀，奏明照例杖毙
	九月	龙溪县民周赞诬首谢仲忽一案，审系挟嫌诬首，将该犯杖毙示众
	十二月	仙游县生员李冠春拦舆具呈《济时十策》，语多诞谬，而第六条请改明季衣冠，尤为狂悖。当即拘拿研讯，照例定拟斩决

"及阅第二折内，显有依附经典，编造歌谣，谋为不轨实迹。故又批以所办是，然不过造作妖言，传播煽惑，究非谋叛大案可比也。"

乾隆十八年六月，福建邵武县杜国祥等倡立铁尺会，并与建宁县江茂等结连，均已拿获，并起出铁尺二根、伪札稿一纸。上谕："看来非大事，唯为首者重处。"

乾隆二十年四月，府谷县拿获粘贴纸单三人，单内语多诞谩不经。著传谕该抚，若审无别情，不过庸愚无籍之徒，借此诓骗银钱饮食，当秉公审拟，就案完结，不必有意过为深求，使捏名诬认。

手段似是"辣"了一点，但也未"赶尽杀绝"，将追查无限地"扩大化"。

乾隆二十年九月，南河总督富勒赫奏，赵永德呈首原任刑部郎中程某所作《秋水诗钞》诽谤悖逆。嗣经查明系赵永德捏词诬告，以图讹诈。上谕："倘因胡中藻逆案，动于语言文字之间指摘苛求，则狡黠之徒借以行其诬诈，此等刁风断不可长！"

乾隆二十一年六月，谕："图勒炳阿查办杨楷模造作谣言一案，殊属过当，何必委员逐家搜查。似此办理，岂不虑及贻害无辜，张皇滋事耶？"

另一方面，对一些事情却似乎是"放宽"了一点，如对"聚众"一事，谕：

"如现在已经散赈，并无官吏侵蚀情弊，而刁民乘机聚众，要挟生衅，则当痛惩以儆刁风。"

言下之意，如果确有"官吏侵蚀情弊"，则不当一概而论，一律从严了。

其后，对生员陈安兆"妄著书籍，语多悖谬"一案，谕：

"此等笔墨之过……而加以吹求，转无以服其心，且恐开告讦之渐。”

但对案件侦破过程中的刑求问题，仍然不肯松口，似乎如此一来，就丧失了一个重要的破案手段。御史郑廷楫奏：“各省题奏事件内，有任意煅炼，致百姓或毙非命者。请敕下问刑衙门，不得刑外用刑等语。”上谕：

“非刑拷逼，原有律禁……何必于例所已禁，又复定为科条。若徒以语言禁令为务，是舍本而齐末也。”

郑廷楫折内称伪稿案中军机大臣每问一事，“必准情酌理，细心推勘”，行为显然与外省官员不同。这也只能引起乾隆帝的不快，遂著严行申饬。因若不允“刑外用刑”，官员们又靠什么来完成那些极端化的任务呢？

伍

首次南巡余波

这一切初看起来都出乎意料，不期然而然就发生了。南巡一行，国计民生的大计没有访求得着（第一次南巡几乎各方面皆无成就可言），反而来了一起“文字狱”的小高潮。

曹一士像

起初，乾隆帝刚刚即位，御史曹一士就上了一个名为“请宽比附妖言、禁挟仇诬告诗文”的奏折，其中说道：“比年以来，闾巷细人，往往挟睚眦之怨，借影响之词，攻讦私书，指摘文字，有司见事生风，多方穷鞫，或致波累师生，株连亲族，破家亡命”，并用“天下告讦不休，士子以文为戒”两句话，概括了文字狱的恶劣影响。

汪景祺等枭示大约十年了，头骨还悬挂在菜市口，左都御史孙国玺奏请将六人首级“掣竿掩埋”，上命“照所奏行”。接着，又降旨赦免了被发遣的汪景祺及查嗣庭亲属。

为避免再发生以文字罪人之事，批准了刑部的建议：“今后凡告发旁人诗文书札等悖逆讥刺的，如审无实迹，一律照诬告反坐；如果承审法官率行比附成狱的，以故入人罪论。”此时，这一切似乎都被置诸脑后了。

乾隆帝最讲究“物来顺应”，但流为“跟风走”，反倒像丢失了远大的目标，成了“随波逐流”。

第一次南巡风波，又有几分像似乾隆三十三年的“叫魂案”。其一，查案中，皇帝批评“外省习气，一切委之属员，取供过堂，虚文了事”，要求督抚大吏“承旨鞫讯，亲身研审”，实行中央集权、政治一元化，从中央、各省，直接插手基层，指名追查疑犯，直到乡村社会、穷乡僻壤。

其二，迁怒地方官员，一批官员为此受到处分。如乾隆十六年八月，将山东巡抚准泰革职拿问；山东按察使和其衷一度也革职拿问；十一月，令将江西巡抚鄂昌、江西按察使丁廷让解职；乾隆十八年正月，汀漳龙道单德谟于蔡荣祖谋为不轨一案，既不能觉察于前，又并不检举于后，情节可恶，仅予罢斥不足蔽辜，著革职发往军台效力赎罪；湖北罗田知县冯孙龙，则因马朝柱结党聚众不能早为觉察，发觉后又不到天堂寨查搜，致令马朝柱远扬，被奉旨正法。

皇帝批评一些督抚，“意中未必不以此案为可不必如此办理，希图草率完结”。复谕：

“伪稿流言，乱民风者尚小，而上下相蒙，关吏治者甚大。若颟顸了事，以模棱为大度，以朦混为包荒，政治尚可问耶？若因案情难于根究，遂尔悬搁，嗣后有似此者，其得竟付之不问乎？我大清国有此政体乎？”

又谕：

“外省督抚，养尊处优，牢不可破之恶习，无所惩戒，何由更改？既明知其办理悖谬，而复为姑容，国家任用封疆大臣，安用有此？外省吏治，尚可问乎？

“若但谓一切报罢，遂为息事宁人，则朕自御极以来，即可高居端拱，耽乐深宫，又何事十七年焦心劳思，朝夕孜孜，君臣交儆，岂至此日而反改前度耶？”

并指斥一大批能臣：

“近日督抚办事，有所谓上和下睦，两面见好之秘钥。貌为勇往任事，以求取信，而阴市私惠，谓有旋乾转坤之力，使属员心感。尹继善惯用此术，方观承及巡抚中一二能事者，趋而效之……”

对一些大员，皇帝始终不给他们好脸子看，甚至侮骂由之。

伪稿案并没有追查到真正的作者，马朝柱也在逃未获，以后的“叫魂案”也以不了了之，皇帝为什么还要这样做呢？可能正是乾隆十一年的一个案子，给了皇帝这样的信心。

乾隆十一年，也是一个多事之秋。福建等地抓获了几名私下传教的西洋传教士，结果处死了一名主教。其后又有几名在狱中被秘密处死。

就在乾隆十一年闰三月，贵州总督张广泗奏称：已故白莲教首张保太所倡之教，已流入贵州、四川，传及各省，俱有掌教之人。贵州省城有魏斋婆，招引徒众习教，并闻四川涪州有刘权、云南有张二郎，皆系为首之人。

张保太，系云南景东府贡生，康熙年间在大理鸡足山开堂倡习无为教，自称系陕西泾阳县八宝山无生高老祖开派，为四十九代收圆祖师。雍正八年以“左道惑众”被捕拟绞，雍正十三年九月逢恩赦，交与地保安插。乾隆四年江南江阴县破获夏天佑西来教，词连张保太，张保太被押往省城看守，乾隆六年监毙。

张保太掌教时期，尚无意颠覆清廷。等到张保太既死，四川刘奇、云南张晓（张保太继子）、贵州魏王氏（魏斋婆）等接续其教，该教则渐滋反清意图，并以不同名目传入贵州、四川、湖北、湖南、江西、广东、江苏、直隶、山东等省，以西南地方最为流行。乾隆朝首次大规模镇压“邪教”遂由此发动。

在皇帝的高度警觉之下，这些零散的警报自然都被联系起来，而给予特别的关注。在他的亲自指挥下，各省督抚迅速行动，严厉查办，一些看来并无关联的隔省报告，也被皇帝当作破案的线索，并最终证明了他的“睿智”。事情开始，地方官只知照“左道惑人律”严究党羽，只是经过皇帝点拨，才发现张保太之党竟有谋为不轨之事，非止诱人入教，骗财淫乱而已。

随后，查知江苏燃灯教、龙华会俱系传自云南张保太，直隶保定唐登芳亦系该省掌教教首。四川所谓“三船”教（法船、瘟船、铁船），名虽有三，其实则一，皆奉张保太大乘教之“邪术”。随后，法船教教首刘奇先获审拟，瘟船教教首雪峰已获旋毙，而铁船首恶朱牛八，亦移咨滇省会缉。最后，遍布各地的教派皆被一网打尽。

不应忘记，在以后的一些年代里，乾隆十一年的“邪教案”，就成为乾隆帝脑海里一个成功的先例，尽管它不是总那么有效而可依恃的。

陆

东巡谒陵，木兰秋狝

乾隆十六年首次南巡之后，乾隆十七年八月，陕甘总督黄廷桂奏：据布政使张若震禀称，在京时蒙大学士公傅恒面谕，“皇上于二十三年西巡，一切事宜可从二十二年办起”。因西巡尚无定期，并未置备，唯应建行宫二处，一在西安省城，一在临潼温泉，现正筹办建造行宫木料。其后，有关准噶尔内乱的消息越来越多，及至出兵平准，所谓“西巡”取消。此后乾隆帝再没去过潼关以西，这点就与皇祖康熙不能相比了。

平准影响了这一时期的巡幸，但皇帝还是拦不住的。乾隆十九年，正是决策平准和调拨兵马的一年。在这一年，继乾隆八年首次东巡谒陵后，乾隆帝决定第二次谒陵。

清人“敬天法祖”，今人处于不同时代不同环境，于此难于理解，更有甚者乃将其概目为“封建迷信”，在昔日即是“大不敬”了。入关之后，清人即在京师长安左门外建堂子，把萨满教信仰带到北京。每年元旦，皇帝先“诣堂子行礼”，后回宫接受百官朝贺。次日，及仲春秋朔日，于坤宁宫祭神。为维持传统礼俗，朝廷还组织编写、出版了《满洲祭神祭天典礼》及《满洲四礼集》。每年在特定时间，都要隆重举行仪式祭祖。这还不包括其他各种祭祖活动。

乾隆十九年五月，乾隆帝奉皇太后自圆明园启銮，十二日驻跸避暑山庄。翌日御澹泊敬诚殿，召见自准噶尔来归的杜尔伯特新封亲王车凌等，垂询准噶尔内情。继康熙、雍正两朝用兵准噶尔之后，

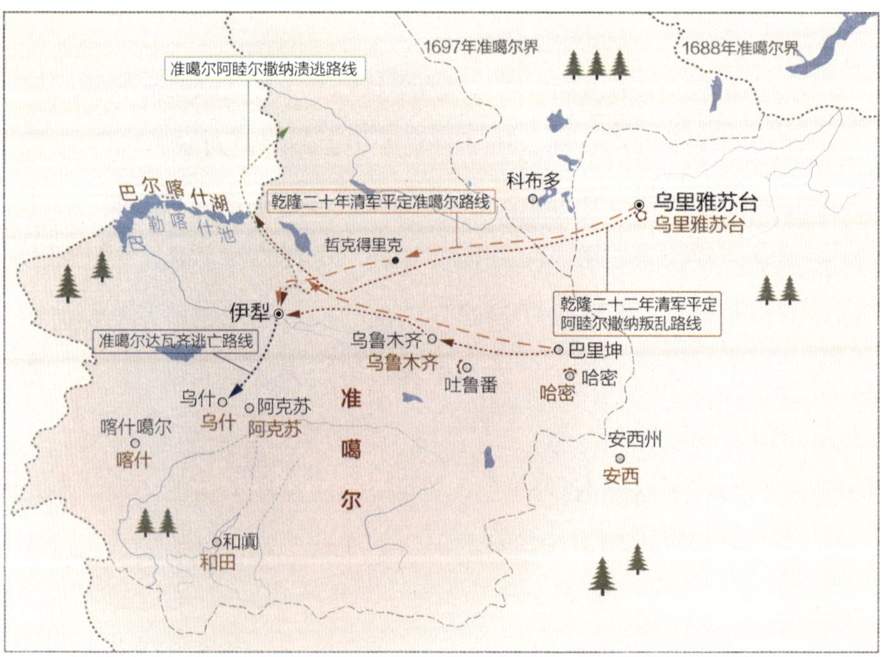

清军平定准噶尔

清人畏之如虎，轻易不敢言战。及至得知几年来准噶尔内乱确信，乾隆帝认为机不可失，遂决定明年两路出兵平准。

七月，奉皇太后自避暑山庄启銮，取道内扎萨克昭乌达盟、卓索图盟、哲里木盟，前往盛京谒祖陵。八月亲登温德亨山，望祭长白山神；至松花江岸，祭江神。这还是乾隆帝第一次来到白山黑水之间。九月，入盛京驻跸。

旋以盛京礼部侍郎世臣备办祭器潦草，且多错误，将其革职。复查出郎世臣诗稿中有“霜侵鬓朽叹途穷”“秋色招人懒上朝”“半轮秋月西沉夜，应照长安尔我家”等句，上谕：“夫纵情诗酒，最为居官恶习，以满员而官盛京，尚抑郁无聊，形诸吟咏，嗣后盛京各官，当深以此为戒。”并命将此旨各书一通，悬之公署，令触目惊心，永垂炯鉴。

东巡的另一目的是接见使团，睦邻朝鲜。

十月，奉皇太后还京，第二次东巡历时一百五十三天。其后，乾隆帝又于乾隆四十三年和乾隆四十八年，一共四次东巡谒祖陵，比他崇拜的祖父还多了一次。史家评论，东巡谒陵表现出乾隆帝对先祖的崇敬之心，而绝少游山玩水的主观动机。

但满人风俗每况愈下，却已成为一个令人担忧的问题，据说，平准决策之时，满洲王大臣内唯傅恒奏请办理，其他尽畏怯退缩。就要大规模用兵了，这怎么能行？返京越日，乾隆帝即召见诸王满洲大臣等，谕：

“朕此次恭谒祖陵，临幸故土，遍历山河形势，恭阅《实录》，

◉ 平定准部回部得胜图·平定伊犁受降

仰见祖宗创业维艰。而众王贝勒大臣官员等辅佐亦为不易……尔等皆功勋后裔，盍思效法前人，报国立功，而惟守妻孥以求安逸，闻战阵而甘退缩。朕于此不无深憾焉。”

特别申明，本朝乾纲独断，绝不可随便“从众”：

“总之朕总理天下诸务，惟据理独断。应办之事，断不为众所阻挠。如其不可，众虽强为奏请，朕亦断不允行。是皆尔等所共知者。此用兵要务，朕筹之已审，岂以众人怯懦，即失机宜，半途而废？

“但满洲臣仆，习气至于此极。朕若姑息因循，不速为整顿，振兴旧俗，数年后不知何所底止也！”

上谕：“前因武职官员射箭，往往有及半即坠，或低掠地面者，朕曾降旨训饬。及今日前锋统领、护军统领等带领引见人员内，犹有仍前不堪之人。甚则明知弓力软弱，故将前手挑高，虽至软之弓，亦可及远。此等恶习，皆平日漫不经心，不勤加训练所致。”

“操演武艺，最为紧要，而操演之法，莫逾行围”。木兰围场在承德北四百里处，东西相距三百里，南北二百里。木兰行围始于康熙帝，在其授意下，蒙古诸部献出此地，以为搜猎之所。自康熙二十年，直到康熙六十一年，康熙帝一共出塞四十八次。雍正帝继位，除在京郊以外，却从没越过长城一步。雍正帝曾面谕说：“予之不往避暑山庄及木兰行者，盖因日不暇给，是予之过！后世子孙当遵皇考所习，习武木兰，毋忘家法。”

因此乾隆帝在乾隆六年，就恢复了木兰秋狝。巡幸避暑山庄和秋狝木兰往往是夏至秋返，一般都在两个月以上，有时还长达三五个月。因此，其绝对巡幸时间远远超过包括谒陵在内的各种巡幸活动。以每次巡幸避暑山庄的时间为两个半月计算，五十二次巡幸，总计时间约在十年以上，相当于皇帝秉政全部年代的六分之一。因此，整个乾隆时期，避暑山庄成了清朝的第二个政治中心（西方传教士则把它称为清朝的“夏宫”），在国家政治生活中发挥了极为重要的作用。

据说清人入关，有三个中心，盛京是老巢，相当于岐周，为留都；承德是连接东北、蒙古的关节点，相当于宗周，为陪都；北京是控制中国的中心，相当于成周，是首都。骑马控弦的游牧民族，一般都有夏牧场和冬窝子，匈奴、鲜卑、突厥、蒙古莫不如此，清朝也是保持这样的习惯。其目的一是告诫满族子弟，不要忘本；二是抚绥蒙古，受其朝觐，固其盟好。

为了磨砺皇帝自己和满人的吃苦耐劳精神，地处关塞之外，“义重习武，不重崇文”的避暑山庄和木兰围场便成为一个绝好的场所。每届秋狝季节，皇帝总是亲自率领八旗子弟行围较猎，并“时时以学习国语、熟练骑射、操演技勇谆切训诲”。

为此还采取措施，分别予以奖惩。如乾隆十七年七月作出规定，将从此次扈从行围的八旗兵丁中选拔骑射较优者充任前锋、护军、前锋校、护军校；乾隆十八年九月秋狝中，因为扈从行围的领侍卫内大臣公丰安、侍卫班领副都统扬桑阿、随从侍卫侯田国恩、领侍卫内大臣阿里衮等“畏缩不前”“不能骑射”，分别予以“削爵革职，令其效力赎罪”。

乾隆二十三年四月，决定次年巡幸北边索约勒济。十二月，副都御史孙灏奏请停止，上谕：

“比年来戡定准夷，两路用兵，我满洲大臣官兵等皆能踊跃奉命，克奏朕功。岂非由躬亲整率，习之有素，是以临事赴机，人思自效，即此亦其明验矣。

“朕今日适阅圣祖仁皇帝实录，有天下虽太平，武备断不可废。如满洲身历行间，随围行猎，素习勤苦，故能服劳。

“今孙灏折内以为索约勒济，地在京师直北，远与俄罗斯接界。一似轻车前往，不无意外之虑者，此语尤为笑柄。折内又称索约勒济非江浙胜地可观等语，其言更为荒诞。且南巡之举，岂仅为山水观览之娱……”

索约勒济围场在热河木兰之北，巡幸往返共四千余里。不过，此次筹划已久的巡幸后亦借故停止。

秋狝的三项主要活动是：小围（围而不合）、合围和哨鹿。通过“行围射猎，正为使官兵等熟悉骑射，不致废弛”。并立训守冠服骑射碑于紫禁城箭亭、御园引见楼、侍卫校场和八旗校场等处，“俾我后世子孙，庶咸知满洲旧制，敬谨遵循。学习骑射，娴熟国语”。

除行围外，每年在避暑山庄还举行宴塞，即与蒙古王公一起饮宴，并表演“宴塞四事”，如“诈马”（驯马）、“什榜”（奏蒙古乐）

弘历哨鹿图

等。军机章京赵翼四次扈从木兰，据他所记，“上每岁秋狝，非特使旗兵肄武习劳，实以驾驭诸蒙古，使之畏威怀德，弭首帖伏而不敢生心也”。显然就带有更强的政治性质了。

从乾隆六年开始木兰秋狝以来，除乾隆七年、乾隆九年、乾隆十三年、乾隆十五年、乾隆四十二年、乾隆四十三年之外，乾隆帝几乎每年都要举行秋狝。而在乾隆十九年这年，乾隆帝竟两次来到承德。本来，这年夏季即打破以前八月秋狝的惯例，提前来过避暑山庄一次，是为接见自厄鲁特归降的三车凌等人和决定用兵事宜。十一月，因为同样目的，乾隆帝冒着严寒又一次来到承德，则是为接见归降的辉特部首领阿睦尔撒纳（后再次叛清）。

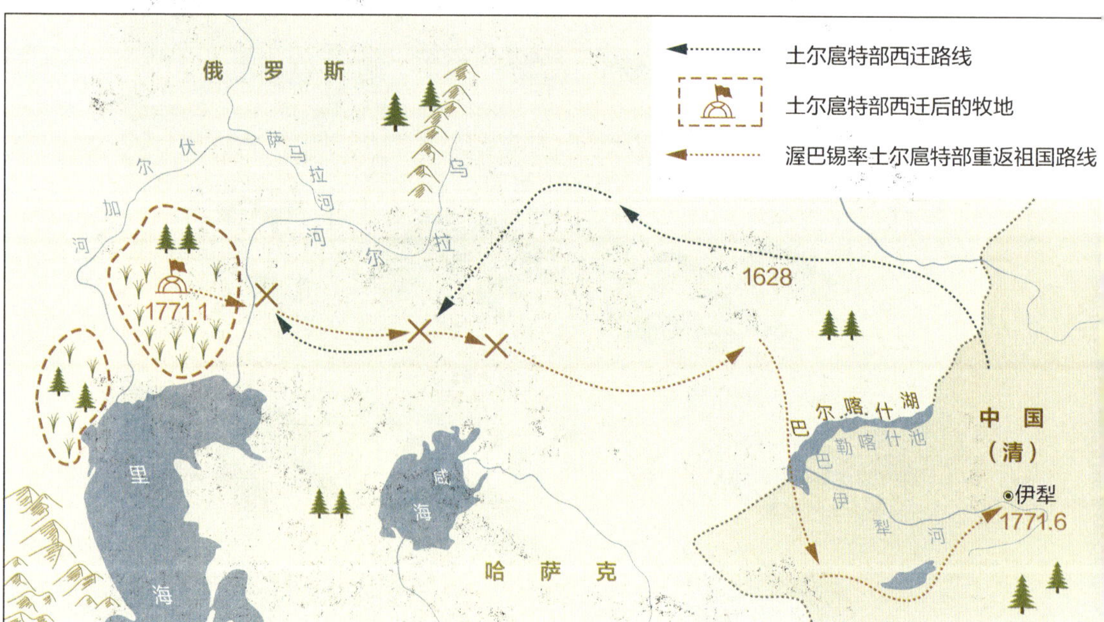

土尔扈特部万里归国示意图

就在此时，为完成康熙、雍正两代“未竟之绪”，趁其内乱，先后规划并进行了平定准噶尔达瓦齐、阿睦尔撒纳，平定喀尔喀王公青滚杂卜及回疆大、小和卓木等重要的军事行动，完成了所谓“西师”的宏业。

巡幸避暑山庄、秋狝木兰又在原来的联络蒙古各部王公的作用之外，在联络藏族、回族、青海蒙古族上层僧俗人士方面发挥了重要的作用。为适应这一形势，乾隆帝即位不久，便首先对原来山庄的各处建筑加以修葺。

乾隆二十年以后，又在修葺的基础上，对避暑山庄进行了大规模的营建，如在承德增修了普宁寺（大佛寺，依西藏三摩耶庙之式建造）、安远庙（俗称伊犁庙，仿伊犁河固尔扎庙样式为之）、普陀宗乘之庙（仿西藏布达拉宫修建）、须弥福寿之庙（仿班禅在日喀则所居扎什伦布寺兴建）。

承德避暑山庄和外八庙的修建始于康熙晚年（康熙四十二年），但整体工程到乾隆年间才予告成。这也是十八世纪中国政府修建的大工程之一。

柒

东巡祭孔

乾隆二十年六月，得到西线前方错报，以为取得平准大捷，上谕："昔年皇祖圣祖仁皇帝削平三孽，于康熙二十三年诹吉东巡亲祭阙里。武功文德，彪炳简册。朕仰承先烈，集此大勋。亲告成功于太庙，郊、社、岳、渎诸祀，次第遣官敬谨举行，以昭茂典。先师孔子阙里，理应恪循成宪，躬诣行礼。决定效法圣祖，于次年春月东巡，展谒孔林。"

清人尊崇孔子，还在关外时，就在盛京修建孔庙，祭祀孔子。入关后，在北京国子监旁建孔庙，尊孔子为"大成至圣文宣先师"。顺治十四年，改称"至圣先师"。康熙二十三年，康熙帝于南巡途中，亲往曲阜祭祀孔子，写"万世师表"匾额，悬挂大成殿中。并拨内帑，重修孔庙。

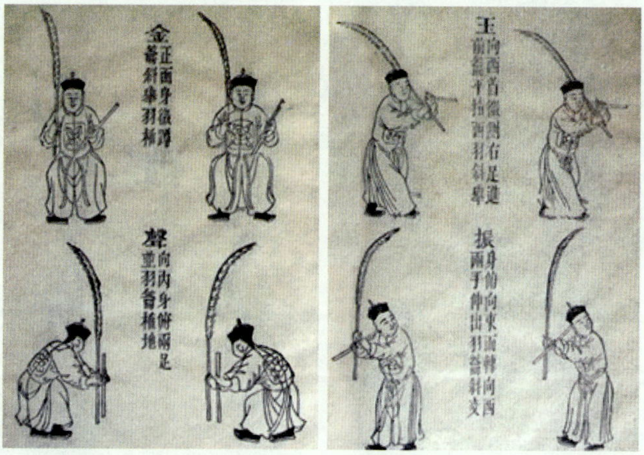

清代祭孔大典木版画

如果说清朝的尊孔超过了以往任何一个朝代，乾隆朝在清代各朝中又应列为首位。乾隆帝于乾隆十三年、乾隆二十一年、乾隆三十六年、乾隆四十一年、乾隆五十五年，曾专赴山东祭祀孔子。另外又在乾隆二十二年、乾隆二十七年和乾隆四十九年南巡时，特地路过曲阜祭孔，创造了空前绝后的历史纪录。以致民间流传皇帝把女儿嫁给了孔氏，去曲阜是为了看女儿的故事。

至于东巡缘由，乾隆帝曾有一段自白：

“朕幼诵简编，心仪先圣，一言一动，无不奉圣训为法程。御极以来，觉世牖民，式型至道，愿学之切，如见羹墙，辟雍钟鼓，躬亲股荐，而未登阙里之堂，观车服礼器，心甚歉焉……

“思以来年春孟月，东巡狩，因溯洙泗，陟杏坛，瞻仰宫墙，申景行之夙志。复奉圣母皇太后懿旨，泰山灵岳，坤德资生，近在鲁邦，宜崇报飨。朕不敢违……”

乾隆二十一年二月，乾隆帝从北京出发东巡（此次皇太后未同行），闻知擒获阿睦尔撒纳的消息（又一个误报），命改道泰陵（世宗雍正皇帝陵，在直隶易县），以告成功。然后赴山东曲阜。

东巡祭孔，首在崇儒重道。到曲阜当天，即至孔庙行礼。第二天，至大成门下轿，步入大成殿，于孔子像前，行三跪九拜礼。然后至诗礼堂，由孔府举人讲解《中庸》，贡生讲解《周易》。宣上谕。往孔林，至孔子墓前，行三拜礼。致祭少昊陵、周公庙，举行宴会。续于《御制阙里孔庙碑文》中写道：

“自古圣帝明王，继天立极，觉世牖民，道法之精蕴，至孔子而集其大成。后之为治者，有以知三纲之所由以立，五典之所由以叙，八政之所由以措，九经之所由以举，五礼六乐之所由以昭宣布列于天地之间，遵而循之，以仰溯乎古昔。虽尧舜禹汤文武之盛，弗可及已。而治法赖以常存，人道赖以不泯，讵不由圣人之教哉……

“（朕）道畿甸，历齐鲁，登夫子庙堂，躬亲盥献，瞻仰睟仪，展敬林墓，徘徊杏坛，循抚古桧。穆然想见盛德之形容，忾乎若接……有不益增其向慕，俛焉而弗能自已者欤。”

字里行间，对孔子的敬仰似全发自内心。

东巡至三月底，约一个半月以后回到北京。

不过，故地重游，也往往带来令人痛苦的回忆。就在上一次，乾隆十三年第一次东巡，就发生了皇后不幸崩逝的事件。对于皇后的死因，有着多种不同的传闻，也有人拿出乾隆帝一系列悼亡诗，表示他的爱情之深，为之洗刷罪名、力证清白。

皇后之死，使乾隆帝大受打击，一反常态，演出了乾隆十三年的一幕幕悲喜剧。其中存在许多深层原因，也有许多是与皇后之死脱不了干系的。但说到乾隆帝的“心理变态”，实有一种“懊恼”“悔恨”，以致“自责”的成分在内，就事论事，一般的妻子之丧似还不足以解释。

因此，以后四次路过济南，据说都没有进入这座城市，以免引来伤心。

捌

第二次南巡

第一次南巡过去不久，乾隆十七年，两江总督尹继善即奏请再次南巡。面谕以“甫经历览，无事重巡”。

乾隆十八年，两淮盐政普福奏，两淮商人共望再度南巡，情愿捐银二十万两，建造临江等处行宫。上谕：“此奏错谬已极，著交内务府大臣严行议处。”

乾隆十九年，河道总督高斌动用正项，采买备建行宫木植。上谕：“悦不以道，朕奚取焉？尹继善必谓已有成局，事不容已。著将木植送京，交工程处备用。”

乾隆二十年，终于决定次年再度南巡。一应预备事宜，降旨该督抚等撙节妥办。

复因次年春月东巡祭孔，决定其后顺道前往江浙，谕：“江浙两

清乾隆第二次南巡往返路线示意图

庄有恭像

省总督尹继善、喀尔吉善等均曾具折奏请南巡，均因西师尚未凯旋，未经允准。”

先是，寄谕两江总督尹继善、江苏巡抚庄有恭等：南巡一事应“静听军务就绪，降旨遵行，此时慎勿先事张皇”；迨准噶尔一举荡平的错报传来，江苏、浙江、安徽、江西等省督抚合词吁请再举南巡之典。至是降旨俯允所请。

据尹继善奏称踏看各处行宫情形，从前御驾未及登临之处，如苏州之寒山别墅、石湖石佛寺，江宁之栖霞山，俱为风景绝胜之区，现一并酌量兴修，以备省览。奉朱批：“知道了，并已为汝筹办理之费矣。”

又命军机大臣传谕尹继善、庄有恭将寒山别墅等三处景点“画图呈览”。又因前次南巡到此，苏州、扬州城内，衢街间张设棚幔。南方多雨，街窄檐低，上施彩幕，既不开爽，复滋靡费，谕：“巡省所过城邑，除道清尘足矣。该督抚其饬禁之。”

又闻前次南巡时，浙省办差，至有当商捐费者，著再行晓谕，严加禁止。谕曰：“朕清跸所经，观民问俗，关政治之大端。即动用数十万正帑，亦何不可，而必取给予捐项乎？岂朕巡行本意？”

未久，阿睦尔撒纳叛乱，遂以“江南水灾亟宜赈恤”，降旨停止南巡，“俟明岁西成有秋，该督抚等再行请旨。”

至乾隆二十一年九月，以江浙等省督抚联衔奏请，降旨次年春再举南巡之典。尹继善另折又称栖霞胜景颇多，已经酌量增修，恳求陛见，将各处工程绘图呈览，准其来京。

时军机章京赵翼记云：“尹文端（继善）以南巡事，隔岁先入觐。公（傅恒）尝命司属代作诗相嘲，中有句云‘名胜前番已绝伦，闻公搜访更争新’，文忠辄易‘公’字为‘今’字，便觉酝藉。”

山东巡抚爱必达亦奏陈修建长清县地方灵岩寺行宫，据称其地“泉石佳秀，树木苍古，明春南巡似可稍供清览”。奉朱批：“成事不说，然何必如此？非朕所喜也。”

又谕：“年南巡……莫又令其修饰外观，以致有卢鲁生之流。”

对往年之事，仍耿耿于怀。也许对南巡的奢华，还是存在许多潜在的批评吧。

二次南巡与头次行程大同小异。只是到天妃闸阅木龙，念起原任大学士高斌的好处，如于毛城铺设立水志，至七尺方开，后人不用其法，因有孙家集夺溜之事；至三滚坝泄洪湖盛涨，坚持堵闭，是以数年之间，下游州县，屡获丰收；而仅因一点过

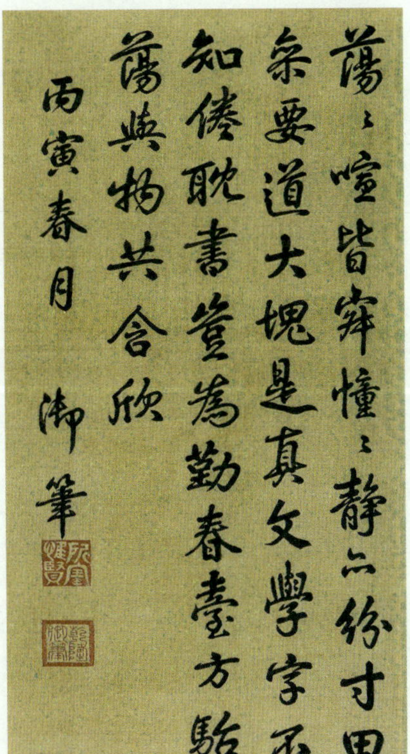

乾隆帝笔墨

失，就给了他严重处分，因谕："高斌功在生民，自不可泯，要其瑕瑜自不相掩，在本朝河臣中，即不能如靳辅，而较齐苏勒、嵇曾筠，朕以为有过之无不及也；可与靳辅、齐苏勒、嵇曾筠一并祠祀，以昭国家念旧酬功之典。"乾隆四十四年御制《怀旧诗》，仍将高斌列于五督臣中。

二月，发生了随从兵役武备院披甲人拉住殴船户卢四身死一案，按律应拟绞监候。著改为立绞，令随从兵役人等，知所炯戒。武备院官员，交部察议。上谕："此事在本月初九日，该督抚等身任地方，每日随行，岂竟一无所闻？而皆置之不问，经步军统领衙门查明具奏，朕始知之。封疆大吏，所司何事？人命至重，朕清跸所至尚尔如此，则平时之玩忽从事更不可问矣。"

四月，南巡途中，又发生于荣焕倚恃内监僧人，因在街市出言戏侮巡检，复于公堂咆哮，被发往黑龙江安插的事件。

皇帝对大臣是越来越威严了，不但动辄得罪，而且几乎一点好脸色也不给。一旦"获罪"，不是撤职，就是拿解审讯，家产抄没，毫不"姑容"。即使准部阿睦尔撒纳"负恩背叛"一事，恐怕也未始不是皇帝过于严厉，"驾驭不当"的结果呢。

起初，阿睦尔撒纳率众来归，乾隆帝虽认为他"为人诡诈反复，全不可信"，却又因其"乃最要之人（在四厄鲁特中，其掌握辉特、和硕特、杜尔伯特三部），伊若来降，明年进兵大有裨益"。于热河入觐时，阿面陈进兵准噶尔方略，因"赐上驷与之乘，亲与其分较马射，并以蒙古语询其变乱始末，赐宴而退。阿悚然，时冬月严寒，阿逆汗下如雨，退告其下曰：'真天人也，敢不慑服！'"

◉ 班第像

遂封其为亲王，令率领北路大军前锋，弃清军上三旗纛帜不用，仍用“旧纛”（此已不当）。果然，军马“如入无人之境”“未折一矢，诸部争迎，伊犁悉定”，封双亲王。随后，阿渐露欲为四厄鲁特总汗之意，与清廷善后方案意见不一。

六月即令班第可“便宜从事”。六月底，以阿睦尔撒纳“图据准噶尔已无疑义”，与其俟其变乱，莫若先发制人。密令班第等，如阿尚未起程入觐，即行擒拿，在军营正法；如已动身，则另行办理。复因事机不密，遂致脱逃。

但阿逆始终不能与清军小股部队相抗，其非“预谋叛乱”可知矣。至于潜逃之直接动因，据其自述系“遵旨入觐，行至乌隆古地方，闻有拿我之信，不得已潜避”。与其部众言：阿某非不臣，但中国寡信，今入境如驱牛羊，大丈夫安肯延颈待戮？俄国史料也记载阿在入觐途中“截获了由北京下达给将军们的命令”。

赵翼等则记六月间额驸色布腾巴勒珠尔奉旨先归，阿私下以总统四厄鲁特之意，请其代奏。及额驸入京，竟不敢代奏。而阿中途迁延，犹有所望也。迨至八月中旬，旨仍未下，阿疑事已中变，恐入觐得祸，遂叛走。乾隆帝亦知阿与班第等意见不合，屡次被参，“自生猜疑”，把一部分责任推在了班第等人身上。

似乎乾隆帝这时的目标，已不在这里，而集中在那些地方大吏身上了。可谓是威也使足，强也争足。

玖

彭家屏案

乾隆二十二年初春，经历了头年特大水灾的河南、山东、江苏三省毗邻地区一片凄凉景象。然而地方官却无暇顾及赈恤灾民，原因是皇帝南巡的车驾即将过境，诸多的迎驾准备工作已经把他们忙得不可开交了。

豫西一带民情汹汹，有些侠肝义胆的人开始暗中串联，准备当乾隆帝过境之际遮道叩阍。不少乡绅也对州县官吏颇有怨言，希望皇帝能了解实情。一月下旬，河南在籍布政使、夏邑县人彭家屏前往山东接驾，恰逢乾隆帝垂询地方情形，彭就原原本本讲了豫西夏邑、商丘、虞城、永城四县去秋大雨成灾，而以夏邑独重；其间巡抚图勒炳阿讳灾不报，实负有不可推卸责任的情况。

听了彭家屏的陈奏，乾隆帝心中十分不快。也许他对臣下揭露太平盛世的缺失，有一种本能的反感？特别是彭家屏，身为本地缙绅，有心邀誉乡里，更难免言之过甚。可畏的是，皇帝对他本来就没好印象，认为他乃李卫门下一走狗，性情阴骘，恩怨最为分明。从前每当奏对时，于鄂尔泰、鄂容安无不极力诋毁，因此深薄其人。

乾隆十六年头次南巡途中，河南巡抚鄂容安奏，绅衿中有倚势抗粮恶习，彭家屏、李肖筠两姓即欠至七千余两之多。二人系藩臬大员，乃妄行逋赋累累，著交部严加议处，所欠积年正供之数，加罚十倍，勒限严追。乾隆二十年，乾隆帝曾召彭家屏来京面询政事，遗缺江苏布政使派别人顶补，彭“心怀觖望，托病旷官”，返回故乡夏邑养老去了。

这一次彭家屏告发巡抚匿灾，就不免有地方缙绅干预公事之嫌。过了两天，河南巡抚图勒炳阿赴行在朝见，矢口否认夏邑等县去秋成灾。乾隆帝让其带同彭家屏前往豫西实地查勘，表示要公正处理。恰好河东河道总督张师载奏报去年水灾，特别指出“惟夏邑被灾独重”。这有些出乎乾隆帝意料，但考虑到张师载品行朴实，与彭家屏又素无瓜葛，他的话是可以相信的。而图勒炳阿却奏报说，去年雨水诚然过多，但高粱仍有九分收成，谷豆小有减产，不过二三四分不等。建议眼下开仓平粜即可，不必赈济。乾隆帝令其查明地亩，给赈一月。

四月初，乾隆帝结束南巡后，为巡视河工，又顺道深入视察苏北徐、淮两府属下桃源、宿迁、睢宁等县。所到之处，只见成群结队的灾民鸠形鹄面、衣不蔽体，令人不忍卒睹。这一来他总算对前一年水灾有了一点直接的感受。联想到与徐、淮犬牙交错的豫西各县，那里的百姓自不免沟壑流离之苦。为证实这一点，即命随行的步军统领衙门员外郎观音保微服前往，密行访查。

就在皇帝一行从徐州府向山东境内进发之时，四月七日，忽见有人跪在御道之旁，高举呈状。经讯问是河南夏邑民人张钦、艾鹤年，告发本县县令孙默办赈不实。皇帝颇感不快，既然已命图勒炳阿加赈一月，刁民为什么还敢做无厌之求？于是下令将张钦、艾鹤年解交图勒炳阿审办。

两天后，乾隆帝行至山东邹县，又有夏邑县人刘元德告御状，诉称很多实在极贫户口并未得到赈恤，请求撤换县令孙默。一起接一起的遮道呈控，而且都是夏邑人所为，使皇帝疑心背后有人操纵指使。审问的结果，暗中主使、商同具词、给予盘费的确有其人，但不是彭家屏，而是本县生员段昌绪和武生刘东震。于是乾隆帝特命侍卫成林押解刘元德，交图勒炳阿深究主谋，严审具奏。

与此同时，又降下一道谕旨，让夏邑等县百姓静候赈恤，即便地方官奉行不善，也要待该官上司查明参奏，不得借端妄诉。他还打了一个比喻："州县乃民之父母，以子民而讦其父母，朕岂听一面之词，开挟制之风？譬如祖虽爱其孙，必不使其恃恩而抗其父。此等刁风断不可长！"但是，"祖父"一旦通过自己的耳目发现了事情真相又当如何呢？

四月十八日，在德州行宫，观音保风尘仆仆返回奏报此行密访的所见所闻：夏邑等四县系连年受灾，去秋大水，有如雪上加霜，穷黎惨状真令人不堪入目。观音保办事很精细，他在夏邑买了两个

乾隆南巡图·过德州（局部）

小孩，统共用钱不足五百文！还拿出两张卖身契恭呈御览，作为此次微服访察的有力佐证。

面对确凿事实，皇帝于当天降旨将图勒炳阿革职，发往乌里雅苏台军营效力赎罪；夏邑、永城二知县亦革职拿问，以为讳灾者戒！同时通谕夏邑等四县百姓：巡抚、知县的罢斥，并不因有彭家屏之奏，亦不因一二刁民遮道呈诉。彭家屏令就近还家，不得以乡绅干预公务，刘元德、段昌绪、刘东震从严交山东巡抚鹤年审办。

两天以后，情势急剧逆转。四月二十日，侍卫成林回奏，抵夏邑县后传讯段昌绪，段拒不到官，知县孙默亲赴段家查拿，在其卧室中搜出吴三桂反清檄文抄本。只见段在一段话下浓圈密点，加评赞赏："彼夷君无道，好邪高张，道义之儒，悉处下僚，斗筲之辈，咸居要职，君昏臣暗，彗星流陨，天怨于上，山岳崩裂，地怒于下。"

乾隆帝深感夏邑闹赈有着复杂的政治背景，于是立即采取了下面几项措施：一是图勒炳阿不必革职，仍留河南巡抚之任，理由是“缉邪之功大，讳灾之罪小”；二是夏邑县知县孙默“能查出此事，尚属能办事之员”，与永城知县一并不必革职拿问，各仍留原任；三是命直隶总督方观承驰驿前往，会同图勒炳阿追查段昌绪“伪檄”抄自何处，穷究审办，并前往彭家屏家查抄，是否亦有“伪檄”。

四月二十六日乾隆帝回銮至圆明园，第二天召见九卿、科道，彭家屏也以戴罪之身奉谕参加。在乾隆帝的严厉质问之下，彭家屏交代，其家藏明末野史及抄本小字书若干种。六月六日，经军机大臣、九卿、科道会审，彭家屏拟斩。上谕：“彭家屏本应斩决，但所藏之书既经烧毁，罪疑惟轻，著从宽改为应斩监候，秋后处决。”

彭家屏所供的几种明末野史并非彭家秘藏的海内孤本，法司定罪时，完全可以找出这些书籍，检查其中是否有“诋毁悖逆”之词。如《日本乞师记》《酌中志》《南迁录》等书或记明末事，或记南明弘光朝事，对清人绝无诋毁悖逆之词。至于《豫变记略》，写的是所谓“闯贼之祸”，更与清人无干。皇帝却说彭家屏极有可能作了“批阅评点”，岂非“逆亿”？

同年七月，河南巡抚图勒炳阿为置彭家屏于死地，奏称他曾刊刻了名为《大彭统记》的族谱，内容“甚属狂悖”，这就为杀彭提供了借口：以《大彭统记》命名，这与累朝国号有什么区别？而该族谱凡遇庙讳及御名皆不缺笔。这最后一点，乾隆帝特加说明：“朕自即位以来，从来未以犯朕御讳罪人。但彭家屏历任大员，非新进小臣及草野椎陋者可比，其心实不可问！”因其“目无君上，为人类中所不可容”，从宽赐令自尽。

但彭家屏的家乡却收到了某些意料不到的实惠：夏邑等四县历年旧欠钱粮银谷一并豁免；当年应征地丁钱粮亦概予蠲免；派员通盘筹划根治归德府属各县历年受灾之源；彭案了结后，立即调图勒炳阿还京，体面地解除了他的巡抚一职；夏邑、永城两个不知体恤百姓的知县仍被革职查办。

但乾隆帝处死了彭家屏之后却未感到宽释，因为留存于民间的明末野史引起了他的高度警觉。据彭所供，其明末野史诸书俱得自昆山徐乾学家。徐乾学是明末大儒顾炎武的外甥，康熙朝曾充《明史》总裁官，家富藏书。也许，乾隆帝从彭家屏案开始，已在认真探索一种将所有诋斥悖逆书籍统统销毁的一劳永逸之计了。

拾

天子的“政治弦”

如果说，彭家屏案还带有一定的偶然性，以下几个案件则是有预谋的，也很难说是“文字狱”，还是“朋党案”，或者怀有其他什么目的了。

乾隆二十年旨在扫荡“朋党恶习”的文字狱——胡中藻《坚磨生诗钞》案，就是这样一个蓄谋已久的案件。

先是，几年以前，乾隆帝已将查办胡中藻诗集一事，特交蒋溥密办，并亲自检查胡中藻诗集《坚磨生诗钞》。乾隆二十年初又密谕广西巡抚卫哲治，将胡中藻任广西学政时所出试题及与人唱和诗文，察出速奏；并密令刘统勋亲往甘肃巡抚鄂昌署中，将其与胡中藻往来应酬之诗文书信，严行搜检，其与别人往来字迹中有涉讥刺嘱托者，亦一并搜查封固，驰驿送京。同时，拿审曾为《坚磨生诗钞》

作序、刊刻之侍郎张泰开，并派遣侍卫哈清阿等，赴江西拿解胡中藻；复降旨召甘肃巡抚鄂昌来京。

三月，乾隆帝召见大学士九卿、翰詹、科道等，宣谕原内阁学士、学政胡中藻诸罪款，曰：

“从前查嗣庭、汪景祺、吕留良等诗文、日记，谤讪欺诳，大逆不道，蒙皇考严加惩创，数十年来，意谓中外臣民咸知警惕，不意尚有此等鸱张狺吠之胡中藻。其所刻诗集内如‘一把心肠论浊清’句，加‘浊’字于国号之上，是何肺腑？如‘老佛如今无病病，朝门闻说不开开’之句，尤为奇诞。朕每日听政，召见臣工，何乃有‘朝门不开’之语？又其颂蠲免则曰‘那似偏灾今降雨，况如平日佛燃灯’。朕一闻灾歉立加赈恤，何乃谓佛灯之难觏耶？伊在鄂尔泰门下，依草附木，而诗中乃有‘记出西林（鄂尔泰姓西林觉罗氏）第一门’之句，攀援门户，恬不知耻。朕初见其进呈诗文，语多险僻，知其心术叵测，命督学政时，曾训以论文取士，宜崇平正。今见其所出试题内，考经义有《乾三爻不象龙说》，‘乾’为当今年号，‘龙’与‘隆’同音，其诋毁之意可见。其种种悖逆不可悉数！十余年来，在廷诸臣所和韵及进呈诗册何止千万首，其中字句之间亦偶有不知检点者，朕俱置而不论，从来未尝以语言文字责人。若胡中藻之诗，措辞用意，实非语言文字之罪可比。夫谤及朕躬犹可，谤及本朝则叛逆耳。”

又训饬在廷诸臣及言官曰：“数年来并无一人参奏，足见相习成风，牢不可破。今惩治胡中藻，实为申我国法，正尔嚣风，效皇考之诛查嗣庭矣！”寻令将胡中藻斩决，家属免缘坐。原任甘肃巡抚鄂昌令自尽，大学士史贻直以曾致书鄂昌，为其子请托，命从宽以原品休致，勒令回籍，闭户家居。已故大学士鄂尔泰因“酿成恶逆”，命撤出贤良祠，并借此训诫臣工，曰：“胡中藻系鄂尔泰门生，文辞险怪，人所共知，而鄂尔泰独加赞赏，以致肆无忌惮，悖慢欺诳，且于其侄鄂昌叙门谊、论杯酒，则鄂尔泰从前标榜之私，适以酿成恶逆耳。胡中藻依附师门，甘为鹰犬，其诗中‘谗舌’‘青蝇’，据供实指张廷玉、张照二人，可见其门户之见牢不可破。即张廷玉之用人，亦未必不以鄂尔泰、胡中藻辈为匪类也。古来朋党之弊，悉由于此。江西石城知县李蕴芳嗣后亦因奉逆犯胡中藻为师，书禀往来，拟斩监候，秋后处决。”

是月，广西巡抚卫哲治疏参原任湖南盐驿道谢济世“纵子指官撞骗”，命逮讯谢济世。卫哲治参劾谢济世颇为时伦所不满。据昭梿所记，此事“袁简斋（枚）曾作书规之。刘文清公（墉）亦言其‘官每高一阶，而其品乃下一级’”。然逮治谢济世似为皇帝之授意。

或谓胡中藻案非一般“文字狱”，而是针对“朋党”问题的，昭梿以为，胡中藻诗狱盖乾隆帝“深恶党援，非以语言文字责也”，谓乾隆初年，鄂尔泰、张廷玉二相国秉政，门下士互相推奉，渐至分朋引类，阴为角斗。“胡阁学中藻为鄂西林得意士，性多狂悖，以张党为寇仇，语多讥刺，上正其罪诛之。”

其说亦不无可疑。在美国学者孔飞力看来，乾隆帝大骂胡中藻“诬谤满人”，又严斥鄂昌说他的行为不配当一个满人，把这些联系起来才能理解这个案子的意义，即在“谋叛”和“汉化”。其间的打击目标多在一些官僚大吏。如郭成康认为：盖是时平准在即，形势严峻，皇帝必欲遽兴大狱，以震慑汉大臣官员。胡中藻、谢济世不过是其早已选中的靶子而已。于以下事例亦可见一斑。

据说，胡中藻案发生后，内外臣工震惊之余，感受各异。乾隆帝交代即将离京赴任的浙江按察使富勒浑一个特殊任务：留心体察在籍的协办大学士梁诗正对此有无怨言。富勒浑在兵部时，是梁诗正的下属。没想到梁一本正经地表示，胡中藻罪有应得，并谈了自己仕宦多年的体会："总之笔墨招非，人心难测。凡在仕途者遇有一切字迹必须时刻留心，免贻后患。"

富勒浑不甘心，不久又借机到梁家，引出胡中藻的话题，梁则大谈为官之道："一切字迹最关紧要，我在内廷时惟与刘统勋二人，从不以字迹与人交往，即偶有无用稿纸亦必焚毁。"乾隆帝得到密报很满意，在富的折子上批示："梁诗正知惧，尚不至于怨望，何必探求？"

过了两年又起用梁诗正为工部尚书，就是因为梁诗正"知惧"，已被文字狱吓怕了，驯服了。所以孙嘉淦批评当时官场风气"趋跄谄胁，顾盼而皆然；免冠叩首，应声而即是"。

随后，又发生庄有恭案。乾隆十八年发生丁文彬投书案，于中发现，原任江苏学政、现任江苏巡抚庄有恭曾收受丁文彬"逆书"而未奏闻。乾隆二十年六月二十一日，庄接到廷寄："丁文彬所著逆书内，大逆不道之言甚多，庄有恭既经接收，何以不具折奏闻？又不即将该犯拿究？"

时隔四年，现经严旨催问，庄才恍然大悟，随即缮折，奏明"疯子"献书的经过。至于所献之书，"实不知破簏败箧中果存此册否？

容臣回署细检，如得之，当即缄封进呈”。乾隆帝穷追不舍，在折尾朱批：“此奏又属取巧。细查书来，不可终归乌有！”庄有恭在二十五日三更回署，即亲自翻箱倒箧，搜寻三日，终归还是乌有，只好自请交部严加治罪。皇帝则认为庄有恭“故纵逆罪”，且“狡诈为鬼蜮伎俩”，命照他学政任内俸禄、养廉数目加罚十倍银两。

这个“加罚十倍”岂是小数，十余年后，即乾隆三十二年庄有恭病故，身后仍有罚赔未完银六万余两待家属亲族偿还，总算皇恩浩荡，皇帝“加恩宽免”，才了却了这笔陈年旧账。此案大部分谕旨都是通过内阁明发的，皇帝如此小题大做，绝不仅为警戒一个庄有恭。

乾隆二十一年底，又发生了庄有恭擅准朱某捐输赎罪外结一案。先是，庄有恭任上曾批允主使殴打致死雇工之朱某捐银三万两以赎其绞罪，因未缴清银两，迨庄有恭丁忧离任始行奏闻。

至是，上谕：“庄有恭此奏，观之实为骇然。岂有入人死罪并未奏闻，擅自饬司准其收赎，至离任后始含糊具奏之理？观其专擅妄谬如此，大失人臣敬事之道，已令其家居待罪。嗣命庄有恭革职拿问，并查抄其行装字迹。”

翌年四月，拟绞。以此案无赃私入己情弊，从宽免死，发往军台效力。旋又命戴罪署理湖北巡抚。同案苏州守赵酉、通州牧王继祖劝捐于先，前任臬司许松佶率请外结于后，均受到处分。

至此，问题已不止于政治案，而且发生在经济领域了。乾隆二十年二月，乾隆帝在调阅查嗣庭日记时，见有进砚头瓶湖笔一事，

查嗣庭像

即重申嗣后廷臣、督抚毋有所献。同月，发生鄂乐舜勒派盐商银两一案。上谕："自朕初年，鄂善以受贿严加惩创，意内外大臣，共知儆惕。而鄂乐舜身为巡抚，尚簠簋不饬乃尔。而如此定拟，反将参出之富勒浑，坐以重罪。则此后各省督抚，或有贪婪者，朕将何赖以觉察？著将尹继善、刘纶、喀尔吉善交部严加议处；浙江巡抚周人骥、布政使同德俱革职，发往军台效力。"后审实鄂乐舜勒派商银至六千余两，赐令自尽。

乾隆二十一年八月，发现江南河工经前番整顿之后，不意尚有孙廷钺、舒超等愍不畏法，通同侵冒。故从重惩创，二人即行正法。

乾隆二十二年六月，发生了云南巡抚郭一裕参劾云贵总督恒文婪索属员一案。恒文供词内称，购买金子缘欲购备方物进贡。上谕："臣工贡献，前曾屡经降旨，概行禁止。即督抚所贡方物，不过若柑食品等物，以备赏赐。或遇国家大庆，间有进书画玩器庆祝者，酌留一二，亦以通上下之情而已，从未有以金器进贡者。嗣后各省督抚，除食品外，概不得丝毫贡献，违者以违制论。"

是年秋，全案审结。恒文赐令自尽；郭一裕革职，从宽发往军台效力。复因"恒文之事，实由郭一裕举发，尚属彼胜于此"，加恩准其纳赎。郭一裕后复起为河南按察使，以老罢。谕："外人无知者或谓恒文系满洲，郭一裕以汉人参奏满洲，是以两败俱伤。此则鄙谬，大不知朕心。朕自登极以来，满汉从无歧视。此案审定时，必办理至公至当，允惬众心。从前皇祖时张伯行纠劾噶礼，经大臣审讯诬坐张伯行。皇祖察知其实，重治噶礼之罪，而张伯行任用如故。此家法也。

“此案中之纳世通、沈嘉征，身居藩臬，原许其具折奏事，遇督抚有事，即应据实陈奏，乃并匿不以闻。唯事迎合上司，俱照部议革职。案内甘心贿送之署玉屏县知县赵沁等十四员，俱著降一级从宽留任。被勒买金之永昌府知府佛德等四员，及被家人赵二勒索之临安府知府方桂等三十七员，俱经恒文败露之后始行报出，不得谓之自首，仍照察议赵沁等之例察议具奏。”

嗣，湖北巡抚卢焯因前署陕西巡抚时因短价派办进贡方物，及调任后又借库银千两未还，命革职，发往巴里坤效力赎罪。上谕：“督抚每年所贡方物几何？原可从容备办；即不备办，亦不强也。嗣后督抚各宜自量，不能则如勿进。若如卢焯及近日恒文之借口自肥，则断不可。彼受派累者，不且怨及君上耶？”

九月，乾隆帝审阅当年秋审官犯册，见拟斩之原任湖南藩司杨灏一案，以限内完赃改拟缓决，大为震怒，不胜手战愤栗，命将原拟之湖南巡抚蒋炳革职拿解来京，并查抄其字迹赀财；三法司及与审之九卿、科道等俱交部分别议处。

翌日又谕：“近日内外问刑衙门习气，不求其情罪之允当，惟事妇寺之仁。杨灏身为藩司，为阖省属员表率，乃侵扣谷价数千两，是皆民之脂膏也，而遽以限内完赃欲贷其死。夫限内完赃，姑从末减，在微员犹或可言，岂有方面大员，婪赃累累，而尚欲借口完赃俾得偷生，有是理乎？朕临御二十二年，试问在朝诸臣，有敢窃弄威福、能生死人者为谁？为官相护之锢习，朕必力革而后已。”

嗣经刑部拟蒋炳斩监候，奉旨免其斩候，发往军台效力赎罪，侵贪至三千余两之杨灏即行正法。翌年三月，有旨令宽宥蒋炳，来京在军机处司员上效力行走，遇有员外郎缺出补用。

据说，在这一案中，乾隆帝降旨将尚书、侍郎、给事中、御史共六十八人，分别处以革职留任、降级留任、销级、销纪录、降级等处分。

十月，据新任山西巡抚塔永宁密奏，前任山西布政使、原大学士蒋廷锡之子蒋洲亏空库银二万余两，闻升任巡抚之信，即与冀宁道杨龙文商议，代伊分札各府州县，勒派自数百两至千两不等，合计共银一万四千余两。

狱具，蒋洲、杨龙文即行正法；原任山西按察使拖穆齐图与蒋洲交结，透支藩库银三千余两，并收受蒋洲古玩银两，革职，解京治罪；原任山西巡抚明德以明知蒋洲亏空，不行举发，反受其古玩银两，绞监候，秋后处决。

因通行晓谕：“山西一省巡抚藩臬朋比作奸，毫无顾忌，吏治之坏，至于此极！朕将何以信人，何以用人？外吏营私贪黩，自皇考整饬以来，久已肃清，乃不意年来如杨灏、恒文等案屡经发觉，而莫甚于蒋洲此案。朕为愧愤。蒋洲之罪，重于恒文、杨灏。若不大加惩创，国法安在？”

复以科道等官未能举奏恒文、蒋洲之贪黩败检，降旨申饬：“朕御极初年，曾令科道各抒所见，尽言无隐。其时奏牍纷纷，亦多以细故塞责，且颇有借言行私者，而鄂善纳贿一案仍系别经发觉，非由科道纠陈也。可见科道等，一鼓励之，不过簧鼓窃权，而一裁制之，遂致因循观望，相习成风，已非一日。此风实属可虑。”

于是在乾隆二十年前后，就掀起了自乾隆十三年以来，对官员的又一波整肃。自那以后，它断断续续，几乎就没有停过。

而在办理蒋炳一案时，即令查抄字迹赀财，看来，乾隆帝的“政治弦”是绷得够紧的了。恐怕乾隆朝要超过康熙朝、雍正朝，实现一个“现代化”的目标，即对人民的思想控制了。

拾壹

文字狱的不同意见

乾隆二十四年十一月乾隆帝以十二月朔日日食，望日月食，“一月之间，双曜薄蚀，灾莫大焉，我君臣当动色相诫”，命大学士、九卿、科道等各抒所见，据实敷陈用人行政阙失。

御史汤先甲应诏奏曰：“内外问刑衙门遇有造作妖言、收藏野史之类多丽逆案，宜坐以所犯罪名，不必视为大案，极意搜罗；刑官何必立意求深，多援条例；州县侵亏帑项，宜照旧例办理，在贪墨败检之徒，诚何足惜，然非所以慎重国帑；官犯提解至京，不宜亲临审鞫。”

先是，乾隆二十三年九月，停“侵亏限内完赃减等例”。律载凡侵盗钱粮入己，数满千两拟斩，然该条例附有“侵亏限内完赃减等例”，即“侵盗、挪移等赃若一年全完，则比照免死减等例，再减一等发落；若一年未全完，再限一年追赔，完者，免死减等发落；若二年未完，着落犯人妻及未分家之子追赔”。是以侵亏拟斩罪犯至秋审时概入缓决，俗谓之“老缓”。

乾隆帝久欲删除此例，至是，命嗣后除因公挪移及仓谷霉浥，情有可原等案仍照旧例外，所有实系侵亏入己者，限内完赃减等之例著永行停止。谕：“监守自盗，肆行无忌，则寡廉鲜耻，败乱官方已甚，岂可以其赃完限内，遂从末减耶？且律令之设，原以防奸，匪以计帑。或谓不予减等，则孰肯完赃？是帑项为重而弼教为轻也。”

乾隆二十六年律例馆奏准，将“限内完赃俱不准减等”纂入新例。嗣后，嘉庆初年，始将“限内完赃俱不准减等”条例删除，仍准侵亏限内完赃减等。

汤先甲奏入，乾隆帝逐条加以批驳，谓即如收藏野史案内，《东明历》等书，“不但邪言左道，且有肆行诋毁本朝之语，此而不谓之逆，必如何而后谓之逆者；试问今日之刑官，较之往昔办案，究竟孰为宽，孰为严？若以限内完赃为慎重国帑，则是非为问刑，乃为言利矣；朕临御以来亲讯者，惟张广泗、鄂昌二人，一则玩误失机，关系军国重务，一则身为满洲世仆竟与胡中藻甘心唱和诽谤，此二人岂可以寻常官犯同日而语？总之，用刑之道，贵在鉴空衡平，而干犯法纪之人，莫如悖逆、贪污二者”。复对“外省习气尚在从宽”表示不满：

“国家治世之大权，而当宽当严，惟在因时随事，期于情法允协，所以惩奸宄而安善良。初不得借口于世轻世重，先自存偏畸之见也……

"朕御极之初，承皇考整饬之后，钦遵成训，随时用中，复济之以宽大……乃沿之日久，或贪官簠簋不饬，或奸民诪张为幻。此类怙恶自甘，既非可以德化，若煦煦以姑息为仁，将官方国纪、风俗人心，何所底止？"

几天以后，针对御史周照所奏一折，上谕：

"如所称行政急于观成，必条例繁多，法令严密。承于下者，转得以空文相应，试问今日之行政，有视昔加严者乎？繁者何条？密者何令？

"至称用人急于求效，便给近利之臣以小效炫其才智，而老成持重转因而退沮，何不指名奏出……"

续谕："适恭阅皇祖圣祖仁皇帝实录，有言路不可不开，亦不可太杂，明朝国事全为言官所坏之谕。昨者降旨求言，原冀得一二补阙拾遗之奏，庶几有裨实政。乃其中并无所见，而藉词应诏，妄肆簧鼓。朕若复崇尚虚文，则明季弊政，炯鉴俱在。周照著严行申饬。嗣后倘更有似此空言塞责，实行其私者，朕必明治其罪。"

足见乾隆帝对当时朝政亦存在严厉的批评。确实，无论"南巡"或"西师"等，都是乾隆朝以前难以想象的，而此时不但局面逆转，且在多方面主动出击，以达到国家的特定目标。

但我们毕竟看到了对文字狱的不同意见。其后，还有着一系列的文字狱案，它恐怕还要持续很长时间，尽管在乾隆二十三年至乾隆二十五年之间，数量曾一度有所下降：

乾隆朝（乾隆二十年至乾隆二十七年）文字狱

年份	月份	文字狱详情
乾隆二十年	二月	胡中藻《坚磨生诗钞》案
	五月	山西兴县县民刘裕后赴学政行署投献自著《大江滂书》。山西巡抚审奏："该书悉属妄诞不经，但自比圣贤仙佛，或称颂其父祖，借拟帝王，甚至有讥刺朝廷之语。因其素有疯疾，稍为宽纵，请旨即于市曹杖毙。"
	九月	旗人赵永德赴山阳县呈首原任刑部郎中、淮北盐商程鏊所著《秋水诗钞》，有造谤污蔑之语。经江南河道总督研审奏闻，上谕："其中并无讥讪悖逆之语，而送王大一首系抄袭古诗以为己作，则富商无识务名之习毕露。看来此事明系赵永德索诈不遂，挟嫌诬害。富勒赫为其所愚，据以入奏耳。倘因此案动于语言文字之间指摘苛求，则狡黠之徒借以行其诬诈，有司不察，辄以上闻，告讦纷繁，何所不至？迨至辩明昭雪而贻累已甚，此等刁风断不可长。赵永德著交该抚庄有恭严审定拟具奏。"
乾隆二十一年	正月	江苏常熟民人朱思藻以地方被灾，米粮昂贵，意谓地方官未必禀详，不能邀恩赈恤，于是将《四书》成语凑集成文，题为《吊时》，中有"暴君污吏，长君逢君""有王者起，犹解倒悬"等语。同乡监生呈首到官，两江总督、江苏巡抚以其"侮慢圣言，鸱张讪谤"，请旨即行正法；乾隆帝命从宽免死，遣发黑龙江，谕："雍正十三年之间，江南赈项凡用一百四十三万，已不为不多，而乾隆元年至十八年，用至二千四百八十余万，米称是。且江省去年秋灾，截漕拨粟，数逾百万。朱思藻究因灾望赈，尚与胡中藻之身列仕版无故悖逆谤讪者有间。"
	四月	山东巡抚拿获妄言祸福流寓之人刘德照，称其人"似类疯癫"，随于直隶开州刘家墙洞内查出字帖四纸，有"兴明兴汉""削发拧绳"等语，直隶总督奏闻。上谕："近来督抚往往以迹类疯癫奏请杖毙完结，不思此等匪类，若不过词语不经，妄言灾祸，诓诱乡愚，或生事地方，訾议官长，杖毙已足蔽辜；如其讪谤本朝，诋毁干犯，则是大逆不道，律有正条，即当按法定拟，明正典刑，妻子缘坐，不得坐以疯癫，曲为原解，仅予杖毙。刘德照凌迟处死。"自此案始，疯汉文字狱剧增
	六月	左必臣以训蒙卜课为生，因年荒失业，与朱伯侯相遇，遂仿照俗传刘伯温朔书，捏造所谓王将军判语刊刷，以诓人得分钱米。书内"十愁"有："山东一扫平，四川起狼烟，江南不太平"等语。两江总督以不经语句妄言灾祸，诓诱乡愚，实与近奉上谕所指之匪类相同，请旨将其立予杖毙，朱伯侯请照"妖言惑众律"，杖一百，流三千里，佥妻发遣

续表

年份	月份	文字狱详情
乾隆二十二年	四月	彭家屏私藏明末野史案
	六月	上海县民人汪三私刻木戳，据该县讯供因疯自造，上谕："地方生事不法之徒，情伪叵测，或有平时阴图煽惑，及至败露，往往佯托疯癫，而地方官亦遂苟且以疯癫毙狱，殊非去恶务尽之义。朕阅汪三所刻戳记，并非因疯自造，明有代刻之人。该犯杖毙已足蔽辜，而所与往来如留文彩辈，自当穷诘根株，严行治罪。若竟以因疯自造一语，草率结案，奸民将何所惩儆耶。"
	十一月	阜宁知县搜出民人周瑞家藏妖书一本，面写"古圣遗书"，所载"均属狂悖"。两江总督以书内所撰刘伯温语，妄谈运数，不法已极奏闻，上谕："甚可恶！非寻常劝人吃斋之可比，当尽法穷究。岂有本朝如此爱民，百年之久，尚有此语之理？"
		湖南茶陵州生员陈安兆自著《大学疑断》《中庸理事断》及《痴情拾余诗稿》等书为官府查获，湖南巡抚以评驳朱注，多尊崇谢济世之语奏闻，又与湖南学政检出诗稿"隐含谤讪"之处粘签禀呈。上谕："所奏殊为过当。即诗稿中间有牢骚词语，亦浅学人掉弄笔墨陋习，其实非谤讪国家，肆诋朝政，如胡中藻之比。"
乾隆二十三年	十月	汝宁府地方拿获湖广孝感县逆犯朱尚柄，指称故明后裔，所藏书册，大逆狂悖，按律凌迟处死
乾隆二十四年	七月	浙江归安县人沈大章蒙馆为生，兼工刀笔，与本县武举汤御龙挟有宿怨，遂刻板印书一本，内有兴复宋代、指斥清朝之处，将该书乘雨夜投入汤御龙船内。不料为汤赴官首缴，浙江巡抚照谋反及大逆律，将沈大章凌迟处死
		浙江归安县屠雍若为人凶恶，见鲍体权小女尚未出嫁，每来窥看，调戏搂抱。鲍体权忿极欲报复，适本县有汤御龙首告逆书事，乘此写诗一首，有"屠人手内刀，雍康纂吾朝，若问行兵日，等动兑方刀"等句，于夜二更贴在本镇戏台上。浙江巡抚以"非寻常投帖匿名文书告言人罪及诬告人谋叛者可比"，奏请应照"妄布邪言书写张贴煽惑人心为首者斩立决律"拟斩立决，屠雍若照生事行凶例发往云贵川广烟瘴少轻地方严行管束
乾隆二十六年		江西泰和县童生李雍和读书不就，漂流四川算命营生，乞化时被递解回籍管束。六月，投呈学政，随于其家中搜出逆词一纸，第一条怨天，第二条怨孔子，第三条上干君父，指斥乘舆。江西巡抚以其胆敢造作逆词，肆其狂悖，罪大恶极，万死不足蔽辜，应照大逆律凌迟处死，亲属缘坐
		甘肃成县民人王献璧自幼读书未成，染患疯病，遂捏造仙佛下界等词欲图诓骗银钱。十月，将书词一封投入陕西学政轿内，以其书词悖逆奏闻。陕甘总督、甘肃巡抚请照大逆律凌迟处死，且于部文来到之前，恭请王命将王献璧赴市曹凌迟处死并枭首示众
乾隆二十七年	五月	山东莱阳县民宫立朝捏造逆词，诬陷宫立矩等谋为不轨
	七月	直隶正定兵丁拾获逆词，为李怀林等挟仇陷害，编造逆词，牵出豫省人犯孙耀宗，起获收元教经卷，供出其教起自山西长子，传教惑众，命直豫晋三省彻底根究，上谕："阅所进逆词。乃横肆狂悖。从来未有大逆之尤""狂悖肆恶，迥非寻常逆案可比"，分别予以凌迟、立斩等

拾贰

第三次南巡

这几年来，乾隆帝可算是日理万机，从西陲平准、平回的战事（于数千里外从战略部署到战术指挥，到后勤保障，在在指示，料敌机先），到东南各省水利（它具有高度的专业性），更不用说那些日常政事了（多处越过一般规定，越法权断）；仅从《实录》来看，有时一天就要批谕多达十来份奏折。此时他终于可以清闲一点了，因此筹备了第三次南巡。

先是，乾隆二十三年九月，两江总督尹继善等以河工告竣，年谷丰收，臣黎望幸情殷，请于庚辰之岁（乾隆二十五年）再举南巡。上谕："积潦初除，正宜乘时劝谕，以培元气，而岁届辛巳（乾隆二十六年）圣母皇太后七旬大寿，于是年敬奉安舆，重临江浙，以仰悦慈怀，俯慰元元望幸之忱。"

乾隆二十五年十二月，复因江南大水，恐地方有司承办南巡差务，转于赈恤事宜不能尽心经理，命将原定乾隆二十六年的南巡推迟至乾隆二十七年举行。

乾隆二十六年二、三月间，乾隆帝奉皇太后谒泰陵，西巡五台。上一年山西巡抚鄂弼于五台山菩萨顶预盖行宫，即命“勿得过为华侈”。适河东商众捐输银三万两以充驾幸五台经费，奉旨命用之于建造行宫。四月，发现扬州所建行宫，“从前吉庆为盐政时缮葺已觉较华，而普福任内必求争胜于吉庆，今闻高恒所办则又意在驾普福而上之。踵事增华，长此安穷？”

乾隆二十七年正月，乾隆帝奉皇太后自京启銮，开始第三次南巡。据说，扈从有领班军机大臣傅恒、大学士史贻直、九门提督舒赫德，亲王、文武百官百十余人，侍卫官五百人，满洲、蒙古诸官千余人，羽林军一万人，甲兵五万人。

此次南巡途经直隶、山东、江南、浙江四省，各地方蠲免当年额赋十分之三，凡去秋受灾歉收者，蠲免十分之五。其路线与乾隆二十二年第二次南巡时基本相同，唯首次前往浙东海宁，视察海塘工程。

一路渡淮而南，发现凡所经过，“悉多重加修建，意存竞胜。巡幸所至，凡地方预备一切饰观之具，殊觉繁俗”。二月，至江南省苏州之胥门，经当地官员自御道迎入，乾隆帝赐众人饭食。翌日，由阊门之上塔街出行，前往灵岩山游幸，时万民家家悬挂吴式灯笼，供奉自制各色物品，迎接圣驾。乾隆帝龙颜和悦，义民内凡年逾七十之男女均赏赐刻有“养老”二字银牌一面。

清乾隆第三次南巡往返路线示意图

扬州、苏州、嘉兴、杭州四府盐商及渡海赴日本办铜之官商人等，皆搭设高台演出歌舞，不惜钱物，极尽奢华。大凡数百里内迎驾之时，舞台数千座，无一相同者。皇帝亦相应回赐金银、小件器物、貂皮等，众人皆引以为不世之荣。至灵岩山行宫，山麓建有舞台百余座，亭台二十座，表演各种歌舞，皇帝观赏之。入夜灯火如繁星闪烁，河中灯船百余艘游动，燃放烟火，极其热闹，水中陆上皆如白昼。

不久，加恩允准奏销南巡动用款项。上谕：“从前三次办理，已不免踵事增华。其商捐一节，著永行禁止。又扈从官员，并已给船乘载，何须预备公馆。不肖胥役保甲等占贴民房，勒索滋弊，亦著

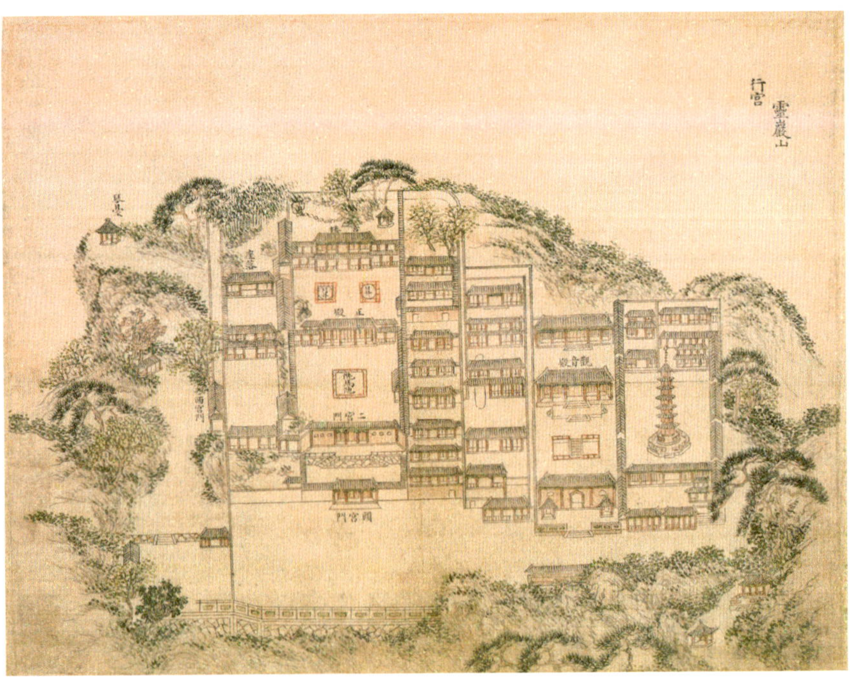

灵岩山行宫

严饬禁止。自需住宿，则听其出赀僦赁，不许地方代为购觅。”

乾隆二十三年十二月，副都御史孙灏奏请停止明年巡幸索约勒济，上谕：“折内称索约勒济非江浙胜地可观等语，其言更为荒诞。且南巡之举，岂仅为山水观览之娱？上年朕临徐邳淮泗沮洳之地，为之相视求瘼，疏泄修防，次第兴举，今岁农事倍收，孙灏宁不闻之乎？且果如孙灏所言，南方为胜赏之地，则索约勒济之习劳练武，所为固胜于彼，益不可中止矣。”

但索约勒济的巡幸，后来毕竟被取消了，乾隆帝为此还做了自我批评：

“朕平心自揣，惟向时工程兴作，不无少烦（繁）。虽亦因坛庙宫殿道路诸工，阅年既久，不得不重加修葺，以肃观瞻……然自忖不急之工无益政务，则于今春已降旨停之。过而能改，此心可质诸天地，下对天下臣民，朕初无所讳也。”

这越来越成为南巡中一个令人心烦的问题。

拾叁

河工与海塘

在南巡途中乾隆帝关心东南水利，阅视河工、塘工，也越来越成为一个重头戏。或曰，不可把皇帝的南巡均视为纵情山水，全在娱乐；此话不错，但似乎也可反过来说，愈是游玩，就愈是要到水利工地上去走一走吧。

乾隆十六年第一次南巡，曾过淮安，见城北一带，内外皆水。其时淮河上流各支河俱汇入洪泽湖，政府费数十年经营，沿洪泽湖筑成高堰大坝，又有天然坝（泄洪坝）之修，伏秋盛涨，辄开此坝泄水，而下游诸州县胥被其患。

乾隆帝亲自来到高堰大堤及天然坝查看，质问河臣：“夫设堤以卫民也！堤设而民仍被其灾，设之何用？若而邻国为壑，田庐淹没，勿复顾惜，此岂国家建立石堤，保护生灵本意耶？”遂命令在原建天然坝三座外，增加二座，即后来有名的仁、义、礼、智、信五坝。

以前滚坝曾过水三尺五寸而未开坝放水，令以此为准，勒石为志，如原三座坝已过水三尺五寸，才可开后筑两坝，以减少湖水。又谕："河工宿弊不可枚举，而无益之费尤多，或明知无用而因循不废，或阴以为利而妄事兴修。总之，河不可不治而无徇其虚名，工不可不兴而必归于实用。"

乾隆二十年前后，黄河屡次在河南、山东、安徽、江苏等地决口，留下了大面积积水。乾隆二十二年再次南巡时，见到水灾如此严重，表示："朕巡省所至，首在勤民，而河湖要工，所关尤钜，一切应浚应筑，奏牍批答，自不如亲临相度，得以随处指示"，决定回程改变路线，前赴徐州实地考察。

"所过桃源、宿迁、邳州、睢宁诸州县，鹑衣鹄面，相望于道，而徐属尤甚，朕心为之恻然增戚"。当即决定，对灾区的赈济粮加发到五月，积年借欠口粮籽种，不分新旧一律豁免。

乾隆帝还说，水灾如此惨重，地方官员有不可推卸的责任，叫督抚予以甄别，该留任的留任，该调走的调走，"一二年后，朕将亲临考察，若仍入其疆而田野不治，则非守令之罪，将督抚是问矣"。

他经过与有关人员详细研究，感到光靠河道总督所辖官员，难于迅速完工，"所有应疏应筑事宜同时并举"。于是决定：尚书刘统勋率道员王鸿勋、钱度，专管徐州一带黄河大坝加高培厚一事；侍郎梦麟率道员吴嗣爵、同知李宏，专管六塘河以及沂、沭诸水下游形成的大面积积水；江南副总河嵇璜，专管疏浚各水入江入海河道；吏部侍郎裘曰修，专管山东、河南、安徽积水宣泄。

◉ 乾隆南巡图·黄淮交流（局部）

分工之后，乾隆帝又告诫各官务必配合紧密，和衷共济，“盖治水非他政务可比，必卓识远虑，明于全局又不执己见，广咨博采，而能应机决策”。

当时水患不仅在江苏一隅，“上江之宿虹、灵璧，河南之永城、夏邑等处，在在皆有积水。计漫淹地界，不下数百里。自非大动帑项，厚资工力，不能奏效。大小各官又莫能深悉受害之由，确得祛患之术，惟恐议疏议筑亏帑贻累，遂尔噤口束手”。现今水患已不可胜言，“此亦朕南巡未了之事”，著侍郎裘曰修驰驿前往山东、河南、上江现在积水各州县，往来周视。

其在山东者，与巡抚鹤年会商；在河南者，与巡抚图勒炳阿会商；在上江者，与高晋会商。其地方官有熟悉水道之员，听其酌量差委。“务在通盘筹算，无分疆域，凡可以登民衽席，计安全而谋乐

利，毋惜多费帑金”。

并针对过去“成灾而请，年年疏筑，年年蠲赈，终无了期；张皇补苴，看来终属无益”之被动局面，提出“与其赈之被灾之后，何如筹之未灾之先”“以为一劳永逸之计”。在今日言之，“会三省之全局，川浍以疏之，堤防以御之，工费诚属浩繁。然一举而使千百里内之田畴民舍，可以永获安全，则生民之利，孰大于是？即多需帑金，所不当惜。况统屡年赈恤所用计之，为数果孰多孰寡耶？在国家蠲赈，未尝不动盈数百巨万，而小民已先受荡析之苦。”

乾隆二十二年南巡以后，山东、河南、安徽三省河道的综合治理，是乾隆朝又一次大的水利兴修。至岁末报告：疏浚淮、扬、徐、海等处江湖入海干支各河，及高宝下河归江归海之河港共五十余道，俱先后告竣。乾隆二十三年，各工皆如期完成。

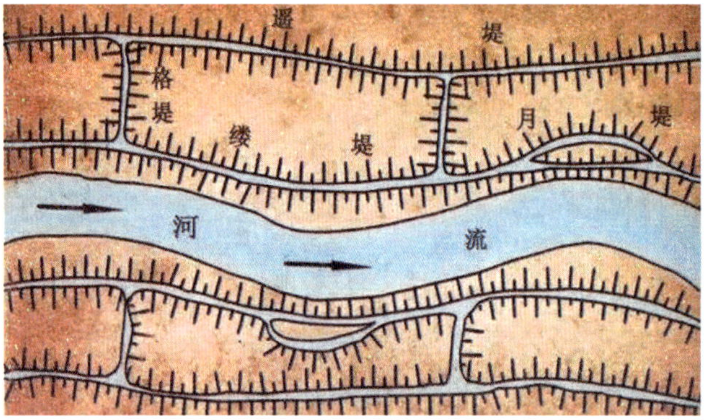

◉ 潘季驯“束水攻沙”的堤防工程体系

清口“为黄淮交汇，河防第一要区”，历届河督为解决黄河下游水道淤塞问题，在清口两侧筑束水坝冲击黄河泥沙，即明朝水利专家潘季驯创造的“束水攻沙”“以清敌黄”之法。乾隆二十七年第三次南巡时，发现河臣嫌筑坝费工费力，每当洪泽湖盛涨时，全靠天然五坝往下河地区减水，乃亲自确立清口束水坝拆宽办法，以高堰五坝高于水面七尺以上，清口口门宽三十丈为基准，如果洪泽湖水再涨一尺，则清口束水坝拆宽十丈，“水递长，口递宽，以此为率”，秋汛结束后重新镶筑清口束水坝如前。自此次确定清口水志后，“河臣恪守此法，数十年来下河免受水患，田庐并资保护”。

乾隆二十二年、乾隆二十七年、乾隆三十年南巡之时，乾隆帝曾先后三次到徐州一带巡视黄河堤坝，发现此处黄河“南北岸相距甚迫”，一旦盛涨，极易溃决。遂下令一律改建石堤，共砌筑十七层，长九百七十丈。乾隆四十五年南巡时，还下令徐州韩山至奎山一带土堰一律接筑石堤，计四百五十丈，一直连接山脚下面，使滨河永保安居。是时，河道总督萨载请求把洪泽湖高堰大坝三堡至六堡段卑矮砖砌坝加高，乾隆帝认为用砖不如用石结实，“命毋惜帑费，一律改石工”，使大坝永远巩固，成为下河地区的保障。

“海塘乃越中第一保障”，浙江省杭州、嘉兴、宁波、绍兴、温州、台州六府与大海相邻。温州、台州两处海塘蓄泄之利多，冲决之患少，地方政府完全有能力予以治理。杭、嘉、宁、绍四府钱塘江水顺流而下，海潮逆流而上，“加以回溜汕刷一日两次，非巨石长桩密排深砌不足以资捍御”。特别是海宁、仁和两县，处于钱塘江入海的喇叭口处，“海水直逼塘下”，全恃海塘保护田庐。

乾隆十五年，乾隆帝就曾表示：“浙江海塘为捍卫民生要务，朕明春巡幸浙省，意欲亲临阅视”，命令在江南审理案件的户部尚书舒赫德赴浙江查看准备。舒赫德报告说：“南北两岸不特塘工毫无受阻之处，抑且塘之内外桑麻遍野”，不必亲临阅视；而且天晴时，海塘上可以勉强行走，若一遇春雨，南方道路泥泞，土性胶黏，行走甚难。所以前两次南巡，乾隆帝并没有前往海塘阅视，亦未巡幸浙东。

浙江海塘有土塘、柴塘、石塘之分。乾隆初年，曾在海宁的浦儿兜至尖山之间修筑了一条四十里的石塘。乾隆二次南巡之后，浙江沿海潮汛渐迫北岸，海宁一带塘工告急，地方官计划在老盐仓一带改柴塘为石塘，但海宁沿岸均是浮沙活土，石料建筑施工困难。

乾隆二十七年三次南巡时，一到杭州，就让大学士刘统勋、河道总督高斌、浙江巡抚庄有恭在施工现场准备好签试桩木。第二天，亲往海宁施工现场，实地观察打桩，“一桩甫下，始多扞格，卒复动摇，石工断难措手”。虽说将施工地点后移几十丈，即可建

乾隆南巡图·阅视黄淮河工（局部）

筑石塘，但必须毁坏许多土地村庄，“欲卫民而先殃民，其病甚于医疮剜肉矣，朕心不忍”。反复权衡，唯有修缮柴塘，“得补偏救弊之一策耳”。

同时，又未否定石塘的好处，如在视察尖山、塔山之间旧存石坝时就指出：“如将来涨沙渐远，宜即改筑条石坝工，俾屹然成砥柱之势，庶于北岸海塘永资保障”“即多费帑金，为民间永久御灾捍患，良所弗惜”。

乾隆三十年，第四次南巡，乾隆帝又来到海宁阅视海塘。他注意到环绕海宁县城的五百三十丈石塘，对保卫该城起到极大的作用。但为加固石塘所筑的坦水坝（紧靠石坝的缓坡，起减少海潮冲击作

用）只有两层，唯在最险要处建有三层坦水。于是下令一律改为三层石坦，海宁护城石塘愈加坚固。

乾隆四十五年南巡时，乾隆帝又来到海宁，看到经过十几年时间，涨沙渐远，地基结实，已经具备改建石塘的条件了，就命令督抚实地调查，能建石塘的地方一律改成石塘。经大学士阿桂、闽浙总督陈辉祖赴工地勘查，提出筑造十六至十八层鱼鳞大石塘，动用三十万银两，并于乾隆四十八年七月完工。

乾隆四十九年，年已七十四岁高龄的乾隆帝又来到浙江海塘工地。他检查了已经改建的四千二百丈老盐仓石塘，虽然地方官遵照他的指示，保留了柴塘，而他却不满意。原来柴塘靠近石塘之处，已经出现沟槽一道，存有积水，“将来日积月甚，石塘根脚势必淹侵渗漏”。

因此乾隆帝下令将石塘上为美观起见堆起的土牛埋入积水沟槽内，再把柴塘后面的土顺石塘做成斜坡，露出石塘三四层，然后在连接柴塘与石塘的土坡上种上柳树，“俾根株蟠结，塘工益资巩固，如此则石柴连为一势，即以柴塘为石塘之坦水”。他认为这样施工之后，可以二三十年安全无事。

乾隆帝还指示将邻近海宁的范公堤也改建成石塘，特拨银五百万两，限期五年完成，结果，只用三年时间就完成了。

乾隆二十七年，就湖北堤垸事宜，上谕：“自古力役一项，载在方策。以其事本为捍卫民生而设，则供官正所以自为，并非征求无艺也。若工程非旦夕可既，而民力更难以全任，则仍当官为酌助口食之资，不可徒令富者计亩出夫，贫者出力糊口，一切并责之闾阎。”

乾隆二十八年，复打算湖北部垸、民垸概令官为经理，并开始筹办江苏苏、松、太三属水利疏浚事宜。

就此来看，乾隆十三年的政府政策“收敛”恐怕只是一时的，其后，政府又在许多领域挺身而出，积极进行干预，要承担更为积极主动的角色了。同时，废除编审，整顿保甲，都多少带有现代人口动员的意味。

在修河治水之外，继乾隆初年之后，又一次对各省城垣大举修理。先是，江南、江西各属城工曾经开捐劝输，随之各省相继提出修理城垣。乾隆三十年十一月，户部奏请停止开捐劝输，直隶等各省城工估需不敷银五百三十一万余两，可从户部收捐贡监项下调拨，

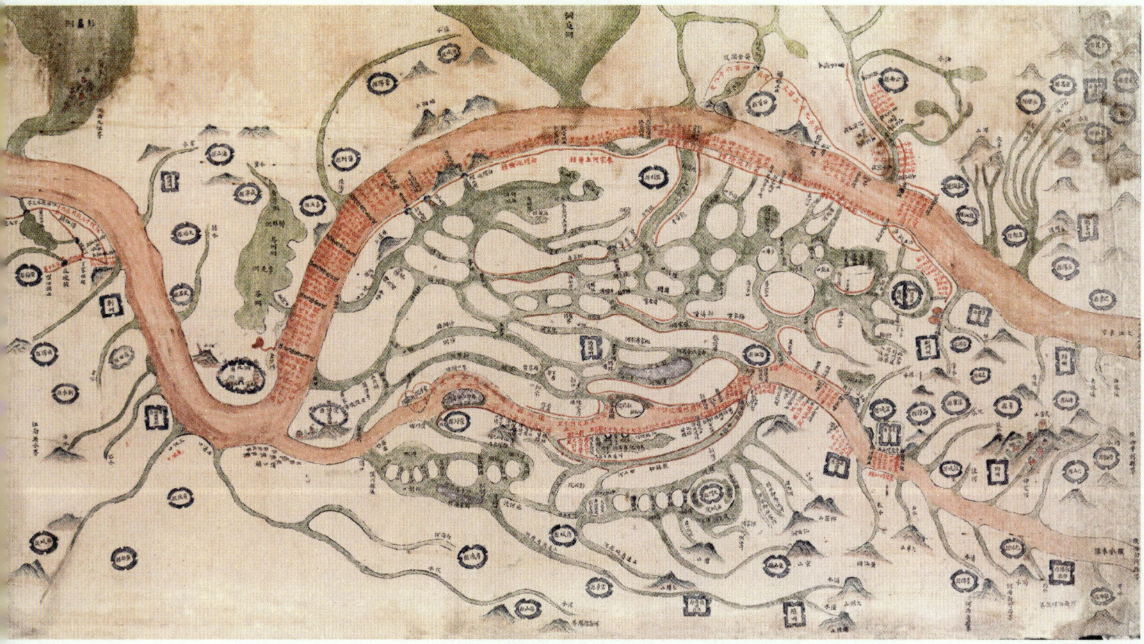

鄂省江汉堤工图

该项每年得银百万两以上，约计五年，即可满足。

十二月丁巳，上谕："前因各省应修城垣，费繁工巨，特发库帑五百万两，分拨各省，一律兴修。频岁年谷顺成，库藏极为充裕。"其时户部银库实存银自乾隆二十九年达到五千万两，其后连续数年在六千余万两、七千余万两。库中所积者多，则民间所存者少。于是动拨官帑，使得流通。"此朕本意也"，更毋庸较量工费，意存节省。而土城改建砖城，"虽现在为费略多，其实壮观瞻而资巩固，且省不时修葺之劳，视土城尤为经久。即出于原估五百余万两之外，正亦何妨……朕惟期有益于民，岂计所费之多寡乎……各省或有土城应改建砖城者，并著一体确估核奏。"

拾肆

“疯人”文字狱

任何“政治运动”可能都有其自身规律。几年以来，它的势头已有所减弱，此时更似失去了方向。

这一时期，特别引人注目的，倒是所谓疯汉文字狱案。在这以前，乾隆十八年，疯子丁文斌虽然被处以极刑，但与乾隆十六年因献诗而被杖毙的王肇基一样，下自地方官吏，上至皇帝，还是承认他们确有疯癫之状。

二者刑罚之所以有轻重之别，是因为丁文斌查有“悖逆实迹”，而王肇基不过“无知妄作”。丁文斌案案发之后，各地加强了对患有精神疾患的文人的管束，疯汉文字狱呈上升趋势。

至乾隆二十二年刘德照逆帖案发生，情况又为之一变。乾隆帝在谕旨中，首先说对于这类疯癫，若仅只词语不经，妄言灾祸，或生事地方，訾议官长，则杖毙已足蔽辜，但“如讪谤本朝，诋毁干犯，则是大逆不道，律有正条，即当按法定拟，明正典刑，妻子缘坐，不得坐以疯癫，曲为原解，仅予杖毙”。此后审鞫疯汉“逆案”也就有了固定的程式，极少见到仅予杖毙的，更少见为这些罪犯可怜的亲属开脱的了。

乾隆二十八年正月，福建有一个叫林时元的疯子因投递一张字帖被捕。闽浙总督杨廷璋亲加刑讯，让他解释字帖上所写的“孔子张天师杨家府杨老令公龙翁龙母”是什么意思。林时元供称，有的是“梦中告知”，有的是“戏场看见”。乾隆帝降旨申斥说：“林时元如实系疯狂，自当不省人事，何以逐条登答，俱能圆融解说？”杨廷璋连忙又提审林时元，严加刑讯，然后顺着皇帝的口气覆奏说：“该犯茹刑之下，亦知痛苦呼号，则诚非不省人事者可比。”随后，林时元于省城斩决。

三月，寓居湖北恩施县的湖南人刘三元，自称梦见“神道对我说，我是汉朝后裔，要天下官员扶持”，并写成字纸，湖北巡抚据以奏闻。上谕：“逆子、邻保佥供素有疯疾之处，此等外吏文具相沿，竟成痼疾！殊不知此等重犯，不行尽法严惩，而徒以疯癫故套，欲使罪归一人，易于结案，以致逆恶之徒，不知儆惧，其贻害于风俗人心，何以底止？”然以“其疯癫似非尽由捏饰，与有心肆造者尚属有间”，刘三元被凌迟处死，其弟兄加恩免其缘坐，概予省释。

并以此案系“法外施恩”，特谕：“恐各省督抚等因有此旨，将来一遇此等案件，即捏造疯癫，希图开脱，俾实在悖逆重犯，虽致败露，不过罪止一身，而应行缘坐之人，俱得伴逃法网，则非所以彰国宪而正人心矣”，命嗣后凡遇此类案件，须据实奏闻，“候朕酌夺”，不得预有成见，迁就了事。

湖南衡阳县民王宗训素患疯疾，挣脱铁链外逃，在广西被缉获，从其身上搜出一红封内有红纸两张。王宗训供称雁峰寺有个叫掌能的和尚说：“我是善人，可为天下之主。这两张纸是寿佛说出，我照写的，他说我有天神扶助，不要人帮。”

九月，广西巡抚等在确认王宗训“疯病无疑”后，以其妄造逆词，奏请照大逆律凌迟处死，其兄弟王宗诚、王宗许，王宗训之子王秉健、王秉佶及侄王秉德、王秉端俱应照律拟斩立决，王宗训年不及岁之子王秉仁、王晚仔、王秉杰，侄王秉作、王秉哲、王秉鲁等与王宗训母冯氏，妻谭氏，媳罗氏俱给予功臣之家为奴。

十月，原任湖南巡抚、调任吏部尚书的陈宏谋呈进《请锁锢疯人折》，用意在疯人因文字获罪，罪止自身，不宜株连家人亲属。

负责刑名事务的湖南按察使五诺玺也上折称：地方疯病之人已奉有定例，责成亲属报官，令该地方官亲发锁铐，严行封固，立法已属周备。但更有一种“粗知文义，赋性不顺，稍因失意之事，始而佯诈疯狂，继则昏迷罔悟，忽明忽昧，信口妄言，如醉如痴，任意书写，或捏造妖言，或逞其梦呓，事发到官，在本犯予以极刑，固所应得，而牵涉亲朋，缘坐家属，株连颇多。此等疯犯虽平日形迹并无凶悍之状，而流毒更甚于行凶杀人。一旦酿成事端，贻患非浅。应请嗣后如有此等状类昏迷，语言荒谬，稍知笔墨，妄行书写之人，责成保甲牌头户首，留心稽查，应与疯狂之人，一律报明地方官置备坚实链铐，严行锁固，谕令亲属人等不得给予纸笔，任其混写”。

乾隆帝接纳了他们的意见，命传谕各省督抚：“向来此等疯人病发，原定有严加约束之例，但行之日久，地方官不能实力奉行，以致旋锁旋释，甚至任其拨弄笔墨，滋生事端，而匪人中实系丧心病狂者以转借词疯病，冀为玩法，于风俗人心甚有关系！嗣后遇有此等疯病之人，应预为严行看守防范，毋得稍有弛懈。”

此后，疯人文字狱虽有减少，但远远不能绝迹。

在这一个时期的文字狱中，也有相当一部分是图谋架构，陷害他人，与一般思想文字犯有所区别。

乾隆朝（乾隆二十八年至乾隆三十年）文字狱

年份	月份	文字狱详情
乾隆二十八年	二月	云南宾州成衣匠杨锦与街邻王明因隙成仇，遂设计图害，捏写王明胞兄王辅“在石牛厂归顺鬼酋宫里雁，授为领路先行官，聚集兵马”等语，并将此书词央求过路素不相识之人带投弥渡讯防衙门。云贵总督、云南巡抚据实奏闻，请照“妄布邪言书写张贴煽惑人心为首例”拟斩立决
	三月	刘三元缮写逆词案
	八月	王宗训悖逆不法案
乾隆二十九年	九月	原山西某县知事赖宏典已新选泰州知州，朱文呈首其书写逆词，刑部以其“撞骗挟制诬人叛逆”拟斩决，赖宏典仅充发辟展。皇帝以为赖宏典身为“膺国家禄命者”，乃书写“点兵交战，不致有失军机”一类隐语，“实与悖逆无异”，令刑部另行定拟速奏。议上，上谕：“朱文著即处斩，赖宏典著改为应斩监候，秋后处决。”
乾隆三十年		江苏盐城县民周煌素日开店生理，私自批注《纲鉴易知录》，撰造《神灵宝鉴》等书，自谓秘书，禀呈知府，求为刊刻传世。五月，两江总督以其“痛诋先圣先贤，妄谈历朝气运，并将己名改字，取‘天皇’之意，甚至狂悖谬妄，毁谤我朝，病狂丧心，大逆不道”，应照谋反大逆律凌迟处死，请旨即行正法

拾伍

官场倾轧案

乾隆二十八年四月，湖北归州民妇张吴氏犯奸，供出其夫张洪舜（红顺）与夫兄张洪贵（红贵）曾犯下盗案在监。乾隆帝忽然想起，张洪舜姓名与两三年前该州“滥刑妄断案”内开释盗犯张红顺字音相同，猜测其中可能另有隐情，遂谕令湖北地方督抚重新清查奏报。同时派遣刑部侍郎阿永阿为钦差，会同籍隶湖北的河南巡抚叶存仁前往彻查。审讯之下，张洪舜兄弟一伙两件盗案并发，且查出惊人的官僚倾轧内幕及冤情。

第一次盗案是在乾隆二十五年三月，归州乡民张洪舜伙同其兄弟及友人、雇工八人，趁夜抢劫了白茅岭民人李作棋家，以殴打逼问方式，取得衣饰及白银一百六十两。事主报案后，知州因公外出他县，吏目、州役与保正等于四月二十一日自行前往张家抓获张红顺。知州赵泰交五月回署，见张被捕时所受之伤严重，不便立即取得供词，又担心拘押在监期间伤重死亡，有违律例，受到处分，遂于五月二十九日将其保释；改到案日期为六月，再涂改保释为张赴川卖赃，以掩饰其中不合事实的情节；又恐怕案件延误日久，不能取得口供，受到上司处分，决定更改事主据实呈报为"吏目访闻"（"吏目访闻"的定义是由于事主未主动报案、延迟报案或误报案件，或书役擅改报案之词，可由官弁、兵、捕人等探知而主动发觉）。为此一误再误。

张氏兄弟已感觉衙门内有不法情事，在州审画供之时，看到供词内"张红顺赴川卖赃"之语，继而发现狱内监簿上记载有张红顺四月实际进监日期等字样，遂撕下收藏，商议在上司衙门借机翻供。

至湖北按察使沈作朋堂讯之时，犯人齐声喊冤，声称保正袁正芳挟嫌污蔑、知州赵泰交妄刑逼供，并取出撕下之簿册内页为证。沈作朋与赵泰交素有嫌隙，轻信张红顺狡辩，未追究在押嫌犯为何可能藏有簿册，乃深信本案为严刑拷打下被迫认罪的逼供冤案。继而委托汉阳县知县陈文枢、黄陂县知县陈铨，令保正袁正芳、事主李作棋以及原来捉拿盗犯的州役一干人等，前往省城复审。

黄陂县知县陈铨以上司沈作朋转交的盗犯供词为凭，遂不再追问盗犯，反而认定知州赵泰交"滥刑妄断"。于是侦办方向集中在严厉追究事主李作棋及保正袁正芳，先掌掴威吓，继之罚两人长跪。李作棋牙齿被打落，袁正芳跪链膝盖受伤至骨，两人都难以忍受刑求，在胁迫诱骗之下，只好承认逼供诬告。盗犯又借机诬告差役在搜索其住家之时，曾窃取银七十四两。根据清律衙役犯赃十两以上，本官有失察觉者革职，由此可以定赵泰交革职之罪。

乾隆二十六年六月，总督爱必达亲自审问，赵泰交认罪。昔日盗犯反而成为官僚倾轧下受到保护的受害者，无罪开释。经巡抚周琬亲自审讯，由按察使沈作朋会同原布政使亢保，题参归州知州内大小官员、吏目与差役，转报总督审题。于是赵泰交被题参流放，吏目夏念祖，州役宋明、胡贤、邓珍徒刑，事主李作棋、保正袁正芳充军，州役周四杖刑。

清律严苛，地方官吏必须在时限内侦办盗案、刑案，否则受罚。官僚相护是官场伦理，必要时牺牲平民是官场一般处理案件的方式。反观本案却相反，盗犯利用官僚之间的矛盾，死里求生。而且在复审时利用地方官违法失职情节，不但翻供，而且诬告地方役吏在搜索时窃取其家中银两，写下奸民铤而走险、官民斗法的惊险一章。

结果本案之演变，完全不符合官场之内相互袒护、利益相依的传统，而是地方官僚内部倾轧，公报私仇，产生官场冤案。此一案中，总督、巡抚、布政使、按察使、知府、知州、知县、幕宾、吏目、衙役，地方官僚体系内各层级成员均牵涉在内。按察使沈作朋一手遮天，影响总督爱必达的判断，固为罪魁祸首，地方官探问上司口气侦办案件，在本案中也有充分的表现。而若非张氏兄弟贼心不改犯下续案，归州受诬陷官僚及地方人士可能就此沉冤莫白。

张红顺兄弟开释之后，心中暗自得意，玩弄了一批昏庸官吏，遂以为其智慧超越司法之上，又谋划了第二件盗案。时为乾隆二十七年五月。

届时，新任知州秦爔于人赃俱获后，审出李作棋家盗案及赵启贤家一案，张氏兄弟俱为正贼，并非冤枉。总督爱必达、继任巡抚汤聘命新任按察使高诚委托武昌知府锡占审理（原按察使沈作朋已经升任布政使）。另外，则拘押嫌犯在监，一搁就是将近一年，不审不判。

在总督、巡抚、知府的暧昧态度下，本案难以继续追查。若非张洪舜之妻犯下奸案被捕，供出其夫因赵启贤家盗案被捕在监，事情似乎就可大化小、小化无了。

乾隆二十八年四月，乾隆帝由刑部奏文中得知，前“归州知州赵泰交滥刑妄断案”内开释盗犯张红顺名字与其字音相同。而赵家盗案发生已经将近一年，湖北省并未咨部，违反了刑律中供证确凿赃迹明显者限四个月完结，即使限内无法完结也要行文咨部，方可准延展两月的规定。乾隆帝立即谕令刑部要求该省督抚详查覆奏。

诸多疑点又提醒乾隆帝“该督抚以至承审各员，或有回护，亦未可定。若不彻底查究，何以清谳牍而雪民冤”？当即派遣两位钦差南下全面侦查。盗犯经钦差刑部侍郎阿永阿审讯，遂供出两案惊人内幕。

皇帝在司法侦查、审理与判决上有最终决定权，于本案中展现无遗。此案若非惊动天听，难以重见天日。乾隆帝何以在日理万机之中，意识到此一寻常民间盗案暗藏无限冤屈，更进一步牵连一大批地方官员，亦非仅凭他聪明或记忆力好，刑部奏文也是重要因素。

刑部怀疑张氏兄弟若是良民，何以在开释数月后即犯下第二案？而盗犯被捕后已近一年，湖北省督抚为何既不咨部又不完结？由刑部奏文上通皇帝，亦可能与新任归州知州秦爔为刑部尚书秦蕙田之侄有关。秦爍明知内有隐情，而上司又不审不办，拖延此案。苦于无法与上司力争，只有暗中通报刑部尚书有此弊端。

在谕旨和钦差的双重压力下，五月一日湖北按察使高诚抢先上奏，表明三月二十日他已查出张氏兄弟为盗案正犯，拖延原因乃“张洪贵等狡黠异常未据承认”，并说总督爱必达“并非回护”，巡抚宋邦绥“亦无牵制之处”。乾隆帝已对湖北地方官僚有所不满，立将高诚革职拿问。

其后高诚答辩说，案情真相大白后，曾向布政使沈作朋要求举发，但沈“不答不办”。两人一同会见总督爱必达时，沈又力言“前后两案均无影响”。总督听信其言，未采取进一步行动。上司决心拖延，高诚无可奈何，他为自己辩解：“才短力薄，势成孤立，实属有愧臬司重任，惭愧无地。”

总督爱必达与第二任巡抚宋邦绥于五月三日上奏，禀明同省上下努力办案，无人懈怠。乾隆帝大怒，在爱必达、宋邦绥的奏折末尾朱批“竟不成话矣！不知尔等具何心肠，何胆量仍敢为此奏文！”五月九日内阁发出谕旨，斥责爱必达、宋邦绥“敢于朕前支词蒙混，则诚何心”。爱必达、宋邦绥交刑部严加议处，前任按察使沈作朋革职拿问。

钦差阿永阿于五月八日抵达湖北武昌，五月十三日即有案情奏报，细数湖北一干地方官僚罪状。首先指责罪魁祸首现任布政使沈作朋，尤其是沈接受审讯时“犹复漠不动心，毫无愧怍，忍心害理”。武昌知府锡占承审重案“不思惩暴安良”，只知“迎合上司意旨，欲以案外枝节淆乱正案真情，几致奸良倒置沉冤莫白，在诸委员中最为险鄙”。总督爱必达的责任在于“案悬多年并不饬催早结，若非自存回护即系徇庇属员”。巡抚宋邦绥到任虽然只有半年，错在“任听委员延混”。按察使高诚，“怯懦优柔亦难辞其咎”。其余如前任黄陂县知县陈铨、前任汉阳知县陈文枢等彼时都已升任知州，罪名为“附和上司，妄刑诱供，均属有司中败类”。地方官僚涉案者，一网打尽，无人幸免。

乾隆帝怒火逐日上升，五月二十一日谕示，仅予革职处分过轻，不足以示惩，改处爱必达发往伊犁，自备斧资，效力赎罪。宋邦绥留湖北省认办堤工三年。六月初，皇帝中途变卦，认为爱必达早已知晓真盗案情，故意批驳秦爔禀文，任由沈作朋拨弄是非掩饰前案，若仅发往伊犁，处分过轻，无法警示其他臣僚，因此谕令押往行在亲自讯问治罪，并查抄其财产。六月十二日，命令所有违法臣僚俱押往热河避暑行宫，亲自审讯。

在热河，爱必达于认罪时供称：“因第二案发觉前案判决错误，如果翻案颜面无光，因而踌躇未决。”沈作朋却在答复中出言辩解，龙颜大怒，立即予以正法，成为本案第一位也是唯一一位被处死的官僚。

乾隆帝认为此案有四大弊端：其一，湖北地方官员上下扶同，朋比为奸，串通蒙骗，纵盗冤良；其二，引起湖北通省民人公愤，而有司不敢举发昭雪；其三，罕见之欺君罔上；其四，扰乱社会秩序。并重申：立法之意在“安民”，因前案未能雪冤，造成劫盗集团连续犯案。第二案苦主赵启贤惧于张红顺一伙前科未受任何惩罚，猜想其人可能与地方官员有所勾结，而不敢赴控。如此一

◉ 热河行宫全图

来，“闾阎尚有安居之日乎？”

乾隆帝在本案中表现得异常严厉。他有意借此整顿吏治，肃清官僚揣摩上司意旨、不问案情曲直的陋习。对于案内有心犯错者从重处置，存心观望揣摩者一并处分，不使一人漏网，而且所有惩处都通谕各省以为戒鉴。

本案爱必达以总督身份应负全责。其渎职在前，欺君在后，有负平日皇恩，但念在“案中尚未冤及人命”，从宽改为绞监候。乾隆二十八年十月，以爱必达出自勋旧世家，两位兄长策楞死于兵事、讷亲于金川之役以贻误军机罪处斩，因不忍心兄弟三人同样下场，改发往伊犁效力赎罪。

前任巡抚周琬曾任刑部司员，评为“颇称强干”，却听信沈作朋一面之词，朋比为奸，存心欺骗。虽未参与第二案审判，却始终不令宜昌知府佛保住往见爱必达面禀详情，是本案欺罔之罪的祸源，处以斩监候。乾隆二十八年十月赦免爱必达之后，将周琬予以释放，改为发往伊犁赎罪效力。

布政使沈作朋为本案罪魁，事前纵盗冤良，事后拨弄是非，酿成冤案。如果仅予军流，往后主管地方司法、刑狱大权的按察使，都以如此轻率的方式动辄处罚劫盗原告，以一手遮天下耳目，地方百姓如何安居，社会如何安定？因此他于乾隆二十八年七月予以处斩，抄家。

亢保，前湖北布政使，任内扶同附和，揭参赵泰交，并会衔滥行保举陈铨（知州）、陈文枢（同知）。第一案发生时，二陈为知县，在沈作朋的号令下，翻云覆雨，刑求逼供归州吏目州役，予以革职。

宋邦绥继周琬为第二任湖北巡抚，迎合上级，未能明察真相，处以留楚办理堤工，又追加捐银三万两以备工程之用。

原任湖北巡抚汤聘（案发时已调任江西巡抚），于第二盗案办理失当，处以革职，后捐银三万五千两，认办地方工程。

续任按察使高诚明知前案冤抑，不为翻案。身为按察使，难辞其咎，解任。

武昌知府锡占承审重案，迎合沈作朋之意，为罪魁祸首之一，革职抄家。

宜昌知府佛保住，革职。

续任知州陈铨、陈文枢，同知单文扬“均罪无可贷，但究系受上司挟制，核其情罪与周琬、沈作朋有间”，仅革职处分。

在此案中，一如既往，对犯罪官员采取了抄家处分，显示皇帝拥有官僚财产的控制权及分配权。抄家中，往往新旧书文字迹，俱详加检点。

对于幕宾徐掌丝、徐登三和卢培元三人之处分，乾隆帝也毫不放松。督抚藩臬等地方大员承办案件造成冤案，固然不可诿过他人，但幕宾盘踞湖北官场多年，与地方官交接往来，串通上下，必须惩处以警惕其他：“此等劣幕辄敢暗通生气，从中把持，为地方之害，不可不明治其罪，俾凡做幕者共知警惕。”

处分臣僚幕友之余，乾隆帝脑筋一转，心想湖北之外难保其他省份没有类似劣幕，于是明令整顿，由各省督抚严密查访奏报，并特别警告“倘督抚等视为泛常，不知实力整顿，一经朕别有访闻，唯伊等是问”。

第一案内遭受冤狱处分的一干人等，在钦差阿永阿的重审之下冤情得雪。

盗犯张氏兄弟，则“不必照寻常案犯办理”，旨到之日立即处斩。据报，“楚省军民观者亿万，无不欢呼称快，感颂圣明”。

这些均显示皇权伸张才能一平民怨，与官僚善恶无绝对关联。费孝通曾提出，“中国的官僚并不是（与皇帝）分享政权的，他们和政权本来是处于敌对的地位”。相信这也可以给其他研究者以启发。

此一案件又表明，并不是到乾隆三十三年“叫魂案”时，乾隆帝才大规模地整肃吏治。类似的事件，在那之前即已发生，而且可能相当频繁。而所有这些，都仰赖于“皇上圣明”。

拾陆

第四次南巡

乾隆三十年的第四次南巡，与乾隆二十七年的第三次南巡，是相隔最近的两次南巡；巡幸时间长达一百二十五天，也是六次南巡中历时最长者，其中原委，怕一时也很难说清。而且自此竟有十五年时间不复巡幸江浙，恐怕也是有着若干的无奈吧。

这次南巡，与以前最大的不同，就是大行蠲免。上谕："前此三经临幸，所有江南省积欠地丁等项，蠲免至二百余万两。著加恩将江苏、安徽乾隆二十五年以前节年未完，并乾隆二十六年、乾隆二十七年、乾隆二十八年三年因灾未完地丁河驿等款，以及乾隆二十八年以前节年因灾未完漕项暨因灾出借籽种口粮、民借备筑堤堰等银一百四十三万余两，又籽种口粮内米麦豆谷十一万三千余石，概予蠲免；并著将浙江乾隆二十六年、乾隆二十七年、乾隆二十八年三年因灾未完地丁银两，并乾隆二十七年屯饷沙地公租，乾隆二十六年、乾隆二十七年两年未完漕项等银十三万二千五百余两，又乾隆二十八年借给籽本谷一万三千七百余石，加恩悉行蠲免。”

随后，“著加恩将直隶各属自乾隆十九年至乾隆二十五年旧欠，并乾隆二十六年未完缓征银共三万二千四百余两，米、谷、豆共三百五十余石，一体蠲免；将山东济南、武定、兖州、曹州、东昌等府属，乾隆二十六年、乾隆二十七年两年未完因灾缓征地方暨民借麦本牛具等银六万二千九百五十余两，又济南、武定、兖州、东昌、曹州、沂州等府属乾隆十二年至乾隆二十七年等年，未完因灾缓征暨民借年久常平仓谷七万五千四百四十余石，概行蠲免”。

“著再加恩，将江苏布政使所属各州县乾隆二十八年以前地丁杂款未完银四万一千六百余两一体概行蠲免，并将江苏经过地方本年钱粮均免十分之五，浙江如之。”

第四次南巡，前后可统计之蠲免钱粮，共计一百七十余万两，米谷二十余万石（直隶山东经过地方蠲免十分之三、江苏浙江蠲免十分之五，不计在内）。

次年，仿康熙三十年蠲免漕粮之例，命自乾隆三十一年始，分年蠲免所有湖广、江西、浙江、江苏、安徽、河南、山东应征漕米。十一月，又命凡办漕各省州县内有征收折色者，概予蠲免。翌年四月，令各省届轮蠲年份，通行劝谕田主照每亩应蠲漕米数，亦令佃户免交一半。

乾隆三十五年元旦，以国家全盛，内外度支有盈无绌，府库所贮，月羡岁增，“因思天地止此生财之数，不在上，即在下，与其多

● 清乾隆第四次南巡往返路线示意图

聚左藏，无宁使茅檐蔀屋，自为流通。且今年朕六十诞辰，明岁恭逢圣母八旬万寿，宜更沛非常之恩，著自乾隆三十五年为始，将各省应征钱粮通行蠲免一次。复降旨劝谕田主遇本省蠲免钱粮之年量减田租，有田业户应纳条银者，既已广被恩膏，则食力佃农，自应令其分沾渥泽。著各该督抚遇轮蠲之年，遍行劝谕各业户等，照应免粮银十分之四，令佃户准值减租。"此次普免各省地丁钱粮共计银二千七百九十四万余两，仍分作三年轮免。这是继乾隆十一年之后，第二次蠲免各省地丁钱粮。

嗣后，又于乾隆四十二年（皇太后逝世）、乾隆五十五年、嘉庆元年，三次蠲免全国地丁钱粮；乾隆四十五年、乾隆五十九年，两次蠲免全国漕粮。总计八次蠲免，银两不下一亿四千万两，粮谷一千二百万石，如果加上其他各项蠲免赈恤，总数将达到二亿三千万两以上，可谓空前绝后。

但就是在此次巡幸中，发生了"帝后反目"的大事。

乾隆十三年孝贤皇后崩逝，中宫不宜久虚，其时已进娴贵妃的乌拉那拉氏，循资应继孝贤为后。虽说是出于皇太后懿旨，乾隆十四年二月，乾隆帝仅晋封乌拉那拉氏为皇贵妃，"摄六宫事"。但庆贺仪节却要"酌减"，似乎很有几分勉强。乾隆十五年八月，乾隆帝四十整寿，在皇太后的一再催促之下，才立乌拉那拉氏为皇后。一连几年，皇后诞育了皇十二子、皇十三子及皇五女等。

乾隆二十年以后，乾隆帝开始宠幸魏氏，生有四子二女，包括皇十五子，即后来的嘉庆皇帝永琰（颙琰），是后妃中诞育子女最多的一位。乾隆三十年，魏氏晋封皇贵妃，位号仅次于皇后乌拉那拉氏。

◉ 魏贵妃（令妃）

乾隆三十年四度南巡，途经山东时，越济南府城而不入，这也是第四次了。乾隆帝特意写诗说明原因，仍是那不堪回首的乾隆十三年：

“四度济南不入城，恐防一入百悲生。

春三月昔分偏剧，十七年过恨未平。”

但激怒乌拉那拉皇后的却不是这些。据当时传闻，乾隆帝要在江南立一个妃子，皇后不依，因此挺触，将头发剪去。这当是闰二月十八日之事，据杭州圣因寺行宫里传出的消息说，皇后对皇帝有所冒犯，然后怒气冲冲地到皇太后面前哭诉，恳求在杭州出家为尼，太后哪里肯准；不料皇后从袖中抽出利剪，将万缕青丝齐根剪去——按满洲习俗，这正是最为忌讳的举动，自然要斥之为“迹类疯迷”了。

据后世学者考证，这一位要立为妃的江南美人，不是别人，正是扬州姑娘陈氏。其后，她在乾隆三十一年十一月被立为“明常在”，以后被封为贵人、嫔，直到嘉庆三年，太上皇崩逝的前两个月，晋升为妃，一直陪伴了乾隆帝三十余年。

以清朝后妃制度而论，是断不能选汉人女子为妃的，江南籍女子更为深忌。不过在事实上，这一规定早就被打破了。他人不论，细检《宫中档乾隆朝奏折》中的机密档案，乾隆帝至少有两名江南籍的嫔妃，一个是扬州籍的陈氏，一个就是苏州籍的陆常在（当为二次南巡时从苏州携回）。

其实就连魏氏，也未必不是江南女子。早在乾隆二年释服之后，南方织造、盐政就曾进“优童秀女”。《清代名人传》说魏氏是“苏州女伶”，怕也不是没根据的。

是否类似的原因，导致了乾隆十三年事件的发生？还是如钦天监监正、西洋人刘松龄所说，因为反对洋教，遭了报应，以致在济南去庙里祈祷的途中，突然患病？这些恐怕也是无法考证了。

乾隆三十年，在南巡途中“先程回京”的乌拉那拉氏，从此被幽禁于冷宫之中，并于乾隆三十一年七月，乾隆帝奉皇太后出发前往避暑山庄的第六天去世。实际上，在她生前，即已被剥夺了皇后以及此前的皇贵妃、贵妃和妃的位号。乌拉那拉氏的葬礼，也是按低规格办理的。

帝后反目，一时为“天下人共知共闻”，甚至传到朝鲜。乾隆四十三年九月，东巡谒陵至锦县地方，秀才金从善进递呈词，其中一条即请乾隆帝为乌拉那拉皇后一事，下诏罪己，遭到乾隆帝痛斥。从乾隆三十年以后，乾隆帝就再也没有立皇后，从此也没有人再敢议立皇后。

皇贵妃魏氏成了事实上的六宫领袖，乾隆四十年魏氏病逝，之后不仅中宫久虚，就连皇贵妃也阙而不补。乾隆六十年九月，皇帝归政大典在即，正式宣布永琰为皇太子，次年元旦即位为嗣皇帝，于是魏氏被追赠为孝仪皇后，是为乾隆朝的第三位皇后。不过，这都是后话了。

但不和谐的声音还是存在的，不仅有臣工反对废后，反对降低其丧仪规格，还有小吏、生员上书。自是年始，皇太后避暑热河，不复出塞。据说，由于皇太后钮祜禄氏在第四次南巡时已经呈现出些许倦意，乾隆帝明确表示不再南巡。直到乾隆四十二年，皇太后去世，第五次南巡才又提到议事日程上来。因此第四次南巡（乾隆三十年）与第五次南巡（乾隆四十五年），之间相隔竟有十五年之久。

涉及皇后的文字狱案件

年份	月份	文字狱详情
乾隆四十一年	七月	山西高平县役满书吏严譄于乾隆三十一年风闻废后之事，及乾隆三十三年来京听说皇后已故并未颁诏，有一御史为此将礼部参奏，即被发遣，心慕此御史方正鲠直；及妻子相继死亡，心想人生在世，应做些有名声的事，遂写成“请补行颁诏议在立正宫折”，并称贪官作福，谋利害民等语，赴京投递大学士舒赫德，乞为代奏。皇帝见严譄折内称“纳皇后贤美节烈，多蒙宠爱，见皇上年过五旬，国事纷繁，若仍如前宠幸，恐非善养圣体，是以故加挺触轻生”等语，系“污蔑朕躬”，将严譄照大逆律，从宽改为斩决
乾隆四十三年	九月	巡幸盛京，锦县生员金从善于御道旁跪递呈词，条陈“立储”“复立后”“纳谏”“请施德”四事：“大清不宜立太子，岂以不正之运自待耶”？又请“复立后”，欲帝下“罪己诏”。被认为“从来所未有”之“狂诞悖逆”，著从宽斩决

拾柒

割辫案

乾隆三十一年，国家陷入了对缅甸的战争，这是继西师之后的又一场重要战事。一开始，清廷还有所克制，有所警觉，但不久就越陷越深。就在军书傍午之际，接连发生了几个案件，冲淡了作战失利的阴影。其中最重要的，就是“割辫案”（又称“叫魂案”）。

乾隆三十三年六月十二日，乾隆帝不知从哪儿得到一个消息，由军机大臣等发出廷寄：“闻浙江一带传言起建桥座，因而偷割发髪衣襟等物，揞垫桥桩，以为厌胜之用者。字寄浙江、山东各督抚，饬属密行体察，如果有此等情事，即行严拿，重治其罪。”

在乾隆帝的追问之下，有几个督抚承认了实有此事，好像皇帝不问，就可以不说了似的。当月十六日，山东巡抚富尼汉奏道，“本省邹县、峄县等处已经拿获匪犯两名，一蔡廷章，一靳贯子（另一要犯通元在济宁乘间脱逃），为首者系浙江和江南僧人吴元、玉石。现已行文江浙，体访根缉。”又，山东巡抚富尼汉覆奏，六月十七日接到六月十二日谕旨，“臣前在省时即闻有偷割发辫，其人昏迷之事”，嗣于六月初十，兖州知府禀获蔡廷章、靳贯子二犯，“其时序则不无可疑，此中或有档案缺失，亦在所难免”。孔飞力则假设，富尼汉在宫中的眼线早已把有关信息透露给他。

二十三日，直隶总督方观承报告，与山东交界之景州境内发现有两人被割发辫。上谕：“可见此等匪徒，传播邪术者，已蔓延数

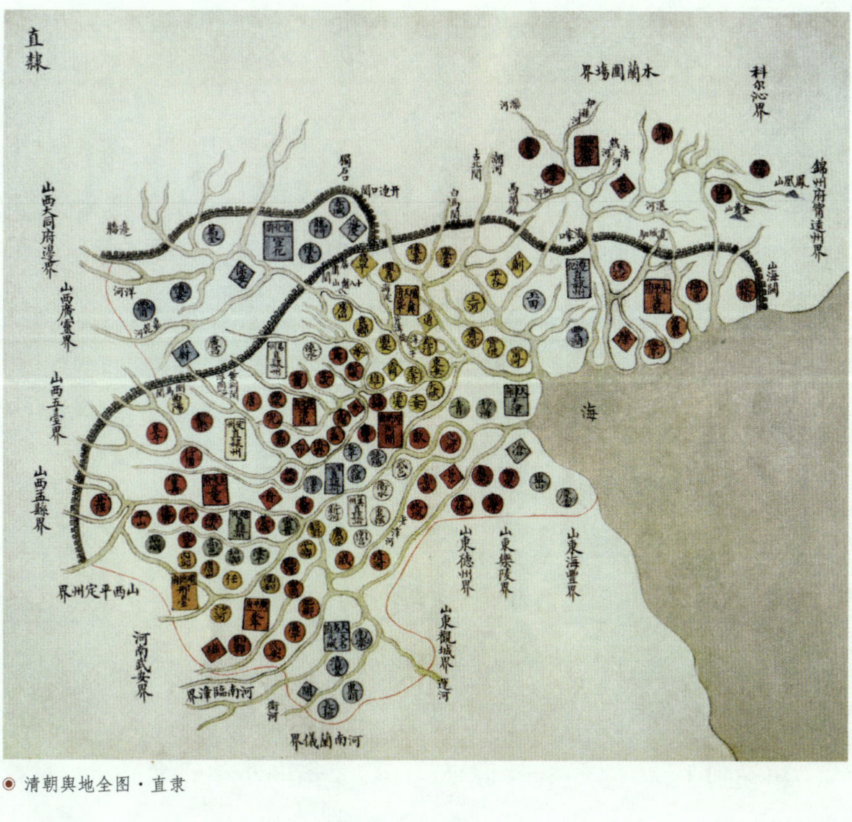

◉ 清朝舆地全图 · 直隶

省”，在他眼里看来问题是够严重，也够夸大其词的了。

是月，两江总督高晋奏，“本年三四月间，臣署抚篆时，闻浙省有割取衣辫之事，当饬各属密访。嗣据长洲等县报称，讹言起自杭州，本境并无被割发辫者。旋将传播之人，密拿查禁，讹言亦息”。

这当然不能令乾隆帝满意，谕曰：“未必！今自江南蔓延山东、直隶，即京城亦有被割之人，何江南反言无耶？足见尔江南吏治不堪，惟事化有为无之陋习，甚可痛恨。此奏大不是，欺罔之甚矣！”七月初四复又质问：“何以山东、直隶及京城俱经捕犯破案，而江浙等省转未曾缉获一二，亦未见据实奏闻？及经朕降旨查询，又阅多时，迄今犹未覆奏。苟非该督抚等于地方事务，漫不经心，置若罔闻？”

七月初九，乾隆帝进一步施压，这一次是针对浙江巡抚觉罗永德的：“乃自六月十六日传谕以来，迄今二十余日，并未据实覆奏，殊不可解。地方有此等奸徒，本不待朕传旨询问，方行办及。此案实始于浙省，其姑息因循之习，几于牢不可破。著即将从前因何不行具奏，及现在如何设法缉捕，一一详悉迅速奏闻，毋得仍前延缓，自干咎戾！”

同日，字寄江苏巡抚彰宝：“前此既不据实入告，及屡次询问，又不即行奏闻，一味延缓因循。著将因何不即覆奏，并如何设法访缉，有无获犯，及山东省供出首恶踪迹若何，曾否弋获之处，驰驿六百里，逐一速行据实奏闻。若再漫不经心，则是该抚自取罪戾，朕亦难为宽贷也！”

事情到了这一步，矛头似乎已不仅是指向叫魂邪术，而是对着地方官员，特别是两江的督抚大吏了。对于他们，乾隆帝好像是成见已深。

掩盖信息，据说是发生于皇帝与官僚之间的一个严重问题，在美国学者孔飞力看来，这就是叫魂案的重点所在了。在皇帝与各省督抚之间的这场暗斗，其激烈程度恐怕并不亚于清剿本身。

但在地方官员看来，这类案件既不同于人命案，也不同于特定的政治案，它既难归类，又难捕捉。来无影去无踪，飘忽不定，或如谣言传闻，自生自灭。它也不像一般“邪教”，有着相对固定的人事来往关系，相反，其人员构成恰带有很大的随机性和临时性。

各方面材料显示，清代中国已是一个人口高度流动的社会，从叫魂案所涉及的“罪犯”来看，有各种各样的“流浪汉”（无职业者），包括乞丐、僧人（特别是迹近乞丐的游方僧道）、穷困潦倒的读书人、雇工、卖字者、做戏法之人等。要把疑犯一一捕获，可谓难上加难。

问题可能就在这里。当那些捕役按照犯人口供追踪而至，却往往发现，根本就没有这个地址或是人名。如宿州地面虽有青龙寺，并无僧人玉石；邳州亦无五乐户地方及疑犯张四儒姓名；韩沛显所供海州各处僧人普敬、普贵、通明、通义等，分咨各省密访查拿，查无其人；凤台县疑犯引峰、潜修二僧，行查该县，并无其人；固始县逐细搜查，并无疑犯张文栋其人；至于宿州拿获匪犯张四，究出即系要犯张四儒，后来发现也是受刑捏造的结果；有时找不到疑犯，就只能将字音相近者（如吴元与悟源、悟圆二僧），押送质对（后查出九华山进香之吴元，及昭文县拿获吴元一名，皆非正犯）。

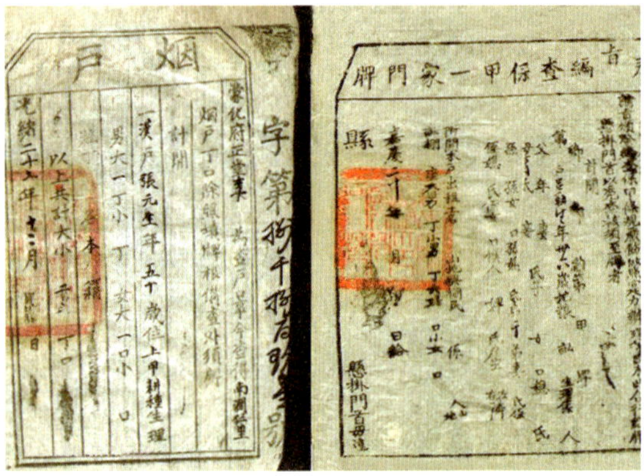
烟户

编查保甲一家门牌

◉ 清代的编查保甲一家门牌

面对这种情况，官府可以依赖的，也就只有那套保甲制度了。从理论上说，地方有司编查保甲，城乡十户立一牌头，十牌立一甲长，十甲立一保长。给用印门牌，开写本户姓名口数，年齿生业，如有故绝迁移及外来无稽之人，随时呈报。毕竟登记有各家各户人头姓名，难道不可按图索骥？

因此，乾隆帝指示两江总督：“此旨到，即严督属员，将山东审出指名逆僧务获。”又谕令两江、安徽、江苏、浙江督抚：“前已指出首恶姓名，何难按籍而稽？”

可惜的是，当时的保甲制度并没有那么完备。长期以来，地方官不能切实奉行，一个重要的原因，即户口迁移存殁，以及生计经营每多更易；州县不能数数亲查，稍涉因循，即成故套。故平日之所谓编查保甲，全属虚应故事，或率以具文从事。

江苏巡抚彰宝也报告说：“外省查拿之犯，或有住址姓名，而现在查无踪迹，或仅开姓名，而并无乡贯住址。”对此乾隆帝的朱批是：“此固有之。汝等尚如此，何怪匪徒？”可见他和那些官僚之间日益紧张的关系了。这样的问题显然是保甲制度无法解决的。

又因疑犯供词闪烁，始终无一语确切，而使此类情况更形严重。乾隆帝据各省奏覆，亦察觉就获人犯，供词多半游移，或其初似有端倪，及追究又无影响。如此岂能完局？

在审讯中，则时而谕令不可徒事刑讯："止当设法研鞫，不必徒事刑求；若急用刑夹致毙，反至无可根究。"及至审问多日，并未得一实供，复担心疑犯窥破，愈得逞其狡狯伎俩。"令其备受诸刑，或得一二招语？"于是在很多场合，实际都依靠和使用了刑讯。

在此案中，乾隆帝还使用了一个不同寻常的做法，即指定专人专门负责，特别是那些督抚大员。如在两江即由该省巡抚，在京师则由大学士刘统勋、吏部尚书托恩多、户部侍郎英廉等，"经朕责成专办"。不仅如此，乾隆帝自己也要负起一定的责任，如屡次谕令将罪犯解送（热河）行在，交军机大臣详细研鞫。

为拿获罪犯，在大吏专责之下，"简派妥干员弁，或因首恶要犯不外奸僧，踪迹诡秘，所称法名俗籍，不足尽凭，甚至随口改捏，令于城外城内及市集村乡，凡有庵观寺院之处，一体留心访查（京师）；或遴选兵役，悬立重赏，责令于坊店寺院食顿住宿之地，分头踩稽，如有面生可疑之人，即加盘问，露出诡秘形迹，立即搜查（直隶）；或改装易服，带同干役，参差行走，先在城乡市镇，次及深山僻壤，一切庙宇歇店，并江岸海淀，严密访查（浙江）。并屡经降旨各督抚，一有情况，即六百里驰驿速奏"。

由此看来，在"叫魂"一类案件里显示出来的，正是意欲实现国家的"中央集权"和从上到下的"政治一元化"。尽管这做起来并不容易，但意图是很明显的。如果说十八世纪的中国已经开始进行“现代化”，许多相关的事例也表明，它并不是一个静止的前现代的传统社会的代表。

这样的事，无论在康熙朝，还是雍正朝，可以说都没有过。在这一点上，乾隆帝已超越了康熙帝、雍正帝。可惜的是，有一个想法与实现这一想法之间，还有一定的距离。何况他的目标也不是那么明确的呢！

几个月后，割辫案已经从山东、江苏、浙江，扩大到直隶、京师、湖北、湖南，甚至蔓延到了热河、山西等地，每省都发现了数件到十几件不等。被捕者多系“奸徒”“无赖”，所供不足凭信，而真犯却一无所获。事后发现，他们也有几分可原之情，因为这些都不外是刑求的结果。

乾隆帝也曾降旨询问山东如何设法成招，巡抚富尼汉覆奏：“并未刑求，到案即行供吐。”及至解京后，经军机大臣会同刑部审讯，发现外省所取供词，皆系承审官刑逼妄供，而各犯身受刑伤种种，也尚未平复。其中僧人普阔本非割辫正犯，而系湖北黄冈县用刑逼认。浙江拿获僧人明远，曾令跪铁链三日，轮番审问两天两夜，不许打盹，随后毙命狱中。

特别严重的是，山东省最早抓获的两个案犯，蔡廷章和靳贯子，不但指证的为首要犯（浙江、江南僧人吴元、玉石），是因刑妄供，更可怕的是，他们本人根本就没有割过辫子！这就是严重地误导皇帝了。如此下去，还会有多少人被无辜牵连？“若再纷纷缉捕，适为闾阎之扰。”或是，抓捕越多，而借机讹诈、诬陷的案例也就越多？

因此到九月下旬，乾隆帝从热河回到北京，即出人意料地颁布谕旨：

“偷割发辫一事，朕命提犯解京质讯，经军机大臣会同刑部、步军统领衙门详悉研鞫，则供词多涉游移，并有畏刑屈指者。可见各该省隐瞒于前，复又塞责于后，而实在首恶，究属未得，徒使差役四出，滋扰闾阎，于政体殊未允协。此案现在竟可毋庸查办。”

虽然此案前后并未妄杀一个疑犯，但在乾隆帝看来，江浙两省养痈遗患之督抚有司，却不可不明示惩创。著将两江总督高晋、江苏巡抚明德、前江苏巡抚彰宝、安徽巡抚冯钤、浙江巡抚熊学鹏、山西巡抚永德等，交部严加议处；山东巡抚富尼汉、湖北巡抚程焘滥加刑拷，累及无辜，分别以布政使降补；所有江浙承办缉犯旋告旋释之州县等官，均著交与该督抚逐一查明，请旨革职。

富尼汉虽“公然有心欺饰”，但乾隆帝还是有几分原谅了他，说：“东省办理虽有过当之处，不怪汝者；以既命严缉，又罪过当，则外吏将何适从？”似乎还有几分自我批评。实际上，尽管乾隆帝十分恼怒，但无论对富尼汉，或对这些官员来说，处分还是比较轻的。

次年，因与“叫魂案”同期的另一个案件，又有一批官员受到处罚，其中计有六十八个知县、二十二个知府、十四个道台、三十二个按察使、二十九个布政使、二十六个巡抚以及十四个总督。这确像是一场“政治运动”了。

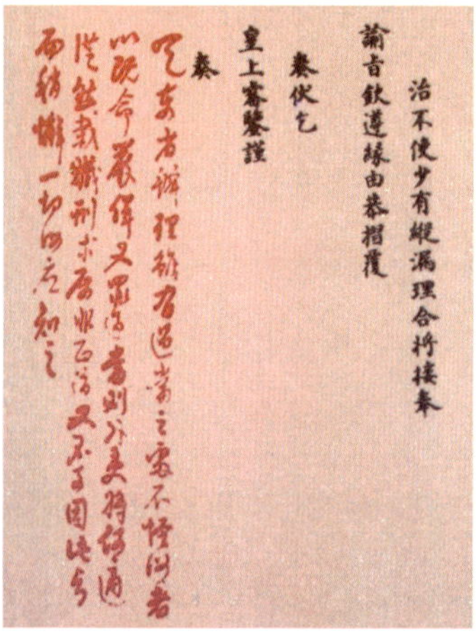

治不使少有縱漏理合拧接奏

諭旨欽遵緣由恭摺覆

奏伏乞

皇上睿鑒謹

奏

◉ 叫魂案朱批

叫魂一案为什么竟然如此不了了之，乾隆帝又为什么如此果决，下旨“毋庸查办”？

毫无疑问，在整个“叫魂案”中，首席原告自始至终就是皇帝本人。他对地方大吏大肆施压，层层加码，或则刻薄训斥，如同一个鹰瞵虎视的检察官，如此一来，这都成为他的个人杰作，也押上了皇帝的无上权威。

他或许有许多理由这样来做，但对于那些督抚来说，他们所面对的地方情况，和皇帝所面对的各省，其实是一样的，区别只是在于地域的大小不同而已。他们都没有办法完全控制名义上归自己统辖的地区，这就是面对一个广土众民的大国，如何治理的古老问题。使用一竿子插到底的一元化措施，或期望实行中央集权，显然是一个巨大的诱惑，但却绝非易事。

乾隆帝是有一些想法（这些想法不能就认为是“虚”的），可惜他正处于“古代”与“现代”的交替之间。相应的建设还跟不上来，外省吏治的状况也无法根本改变，他的“现代化”努力，也只好到此为止了。有谁想过，经历了这样的“落差”，他心里会有什么想法?

但乾隆帝成见已深，他的恼怒也无可厚非。孔飞力则称之为“挫折感”。怪罪各级官员“奉行不善”，至少从乾隆十三年以来，已经近于一种思维定式。这也终于成为自那以来最大的一次政治整肃。

乾隆帝是不是在故意利用这次“叫魂危机”，使用一种“酷似‘政治运动’”的手法来整饬官僚，与他们做斗争？其实，地方官员恐怕并不是要和皇帝争夺什么“控制权”（如所谓“操纵通讯体系”等），相反，他们的行为，在皇帝面前，是远为被动的，尽管他们也有着自己的“反行为”。

所谓官员的“反行为”（或曰“对应行为”），可能具有如下几个要点：其一，首先要称颂“皇上圣明，臣下愚昧”，如“臣跪诵之下，仰蒙圣恩，训诲周详，至为严切，不胜皇悚”；当然，这也因人而异，如直隶总督方观承大约就是做不来的，不管是在怎样的逆境里（就在这一期间，他因年老患病去世）。或“臣拘泥糊涂，以致屡廑宸衷，罪无可逭”。高帽子戴足（哪怕是对皇帝的突发异想、小题大做）。

其二，要表现出十二分的卖力，如同乾隆十三年傅恒奔赴金川，日行军二三百里依然连夜上奏一般。例如，孔飞力分析刘统勋这个角色时说，他把自己包装在一种极度热心的外衣之下（这一点很像乾隆十三年的傅恒），对那些真实的供词绝不照单全收，也不会让自己受到手软的指责。

其三，则要把实际情况，特别是所遇困难，充分讲足，但不可稍事渲染，也不可自作结论，而是让皇帝自己体悟，或以为他日地步，如乾隆十三年的傅恒。

其四，便是需“装点几分”了，如乾隆三十三年舒赫德称，“若缅人有几分投降光景，奴才等装点几分便可”云云。则只可意会难以言传了。

在孔飞力看来，类似的行为都可以称为“官僚的抵制”，它是谨慎而广泛的，有着几种不同的存在形式，如忙而不动、转移视线、统一步调、常规化，以及揣摩、迎合，等等。

这就是一种“官场文化”。换一个角度，我们也可叫它“上下相朦”，或者把它称为一场君臣斗智，也未始没有几分道理。说起来，在这样一个王朝，说“专制”，可能还“专制”不起来呢。往往在上下之间，就存在这样一个有弹性的“网”，“遁而无形”，使其政令不能贯彻始终。

在这方面，一个地方大员如果不能掌握几手，恐怕连自保都不可能，更不用说其他了。另一方面，面对官员的这些“表面文章”，是不能盲目照字面理解的，至少，乾隆帝就不相信那套。与历朝对吏胥的警戒不同，清代对有品秩的官员如此之不信任，恐怕也是空前的了。

孔飞力与《叫魂》

回到本题上来，不难看到，这运动的目标有几分早已迷失。七月间，乾隆帝曾经问道：

“此案根由，甚为叵测……究其买辫何用，又不肯供吐实情；看来造桥之说，既属荒唐不经，而被割辫尖之人，多有将辫根全行剃去……

“其中必另有包藏祸心之人……安知其心不以为留辫一事，系本朝制度，剃去发辫，即非满洲臣仆，暗为将来引惑之计？其奸谋诡谲，所关不小。”

把它与剃发一事联系起来。但乾隆帝自己大概也有几分怀疑，这样“逆亿”（《论语》有云，“不逆诈，不亿不信”）是否有点不着边际了？

同时，在办案中又发现，与民间信仰有关的一些“编造歌词”“门墙书字”“符咒”“抄贴”，及种种“妖术”等神秘现象，本属不稽之说，不得不排除于侦讯之外，“所谓见怪不怪，其怪自败也”“断不宜诧以为奇”。

“叫魂”，难道不就属于这样“迹属微暧”“不必过于诘问”之列吗？二月间浙省有叫魂剪辫传言，旋有德清县石匠首告之案，并有杭州萧山等处查拿各件，讯明均非实在叫魂剪辫匪徒。迨三月以后，传言遂亦顿息——就是一个很好的例证。

如此说来，闹翻了天的割辫一案，竟是小事一桩！若有若无，似真似假，无法捉摸，无从下手，结果成为一个无法追查下去的案件，不得不适时中止，而不管它给皇帝个人留下了多少遗憾。

曾几何时，乾隆帝却是那样的自信，是什么给了他这样一种自信呢?

那还是在乾隆十一年闰三月，贵州总督张广泗奏称："已故白莲教首张保太所倡之教，已流入贵州、四川，传及各省，俱有掌教之人。贵州省城有魏斋婆，招引徒众习教，并闻四川涪州有刘权、云南有张二郎，皆系为首之人。"在乾隆帝的高度警觉之下，这些零散的警报都被联系起来，而给予特别的关注。于是在他的亲自指挥下，各省督抚迅速行动，严厉查办。一些看来并无关联的隔省报告，也被当作破案的线索，并最终证明了他的"睿智"。遍布各地的教派遂被一网打尽。

在以后的一些年代里，乾隆十一年的"邪教案"，就成为乾隆帝脑海里一个成功的先例，尽管它不总是那么有效，那么可依恃的（如"孙嘉淦伪奏稿案"实际上也没有侦破）。

无论是"叫魂"，还是"文字狱"一类的"政治罪"（政治案），或许都可以称为"非常规"的政治行为，在乾隆朝以后也都不再使用。例如，在嘉庆十五年就再度出现过叫魂恐慌，但当局并未大做文章，事情很快也就无疾而终。

但乾隆帝此时还需要这些。

为什么又要采取和那样偏爱这些"非常规"的措施呢？这可能正如乾隆帝所说：

"朕惟保天下者，求久安长治之视，必为根本切要之计。昔人谓持盈守成，艰于创业……数十年来，惟恃皇祖皇考暨于朕躬，以一人竭力主持，谨操威柄，是以大纲得以不隳耳。倘或遇庸常之主，精神力量，不能体万事而周八荒，则国是必致凌替矣。此实朕之隐忧，而未尝轻以语群工，亦终不能默而不以语群工也。”

乾隆帝为何要出以危言，说什么“朕之隐忧”？他说“持盈守成，艰于创业”，又说“久安长治”，显然是有一个长远的考虑，“持盈保泰”在这里，也未必是一个保守消极的想法。

清代自康熙、雍正至乾隆朝，连续三代“令主”，这在历史上已前无古人，以后“倘遇庸常之主”，将会出现什么局面？看来，乾隆帝的许多作为，都是从这一点出发的。

为此，自乾隆初年以来，修订《大清律例》，稽古右文，编纂刻印经书，考订礼乐，重修太学、文庙，从事各项大工程的建设（从城垣到河工、海塘），种种“一劳永逸”的提法，和以后的搜书编书……哪一个不是为了后代的长久考虑呢！从另一方面说，又有几个臣工理解乾隆帝的这番苦心？

拾捌

政治案件

总的来说，乾隆三十年以后是一个文字狱的“低潮”时期，除了“叫魂案”前后几年案件较多以外；而且，其中许多属于“诬陷”案件，亦多被查明。但到乾隆四十年以后，直接跟大规模的搜书有关，文字狱又多了起来，进入了一个“高潮期”。

乾隆朝（乾隆三十一年至乾隆三十九年）文字狱

年份	月份	文字狱详情
乾隆三十一年	十一月	湖南发生益阳县书吏郭湘昭擅造匿名揭帖一案，其后研讯明确，系属畏刑诬认
乾隆三十二年		江苏华亭人蔡显负才不羁，刊刻所著《闲渔闲闲录》，对邑绅指斥甚多。群绅以其怨望讪谤欲行公举，蔡显惧祸，抱书向松江府自首，两江总督、江苏巡抚以其“存心诡诈，造作逆书，任意毁谤”，合依大逆律凌迟缘坐奏闻。上谕：“原书内签出各条多属诧傺无聊，失志怨愤之语，朕方以该犯尚无诋毁朝政字句，其情与叛逆犹去有间。及细检各处，如称‘戴名世以《南山集》弃世，钱名世以年案得罪’，又‘风雨从所好，南北杳难分’及‘莫教行化乌场国，风雨龙王欲怒嗔’等句，则是有心隐约其辞，甘与恶逆之人为伍，实该犯罪案所系。”六月，蔡显从宽斩决，长子蔡必照从宽改为斩监候，秋后处决

续表

年份	月份	文字狱详情
乾隆三十二年		原浙江天台县生员齐周华，于雍正九年吕留良案结案前，曾遵旨陈情，请释放吕留良。经督抚等审拟奏闻，奉旨严加锁锢，永远监禁。迨至乾隆改元，蒙恩赦放。乾隆六年，齐周华离家历游各省，一度曾为谢济世入幕之宾。当年十月浙江巡抚至天台县盘查仓库，齐周华遮道控诉，告发其妻及堂弟、原任侍郎齐召南等。当即搜出齐周华所携书籍多种，以其怙恶不悛，如将吕留良极力推崇，比之夷齐、孟子；其已刻未刻诸书，牢骚狂悖之言不一而足，庙讳、御名公然不避，应照大逆律凌迟缘坐奏闻。十二月狱具，齐周华凌迟处死；其子齐式昕、式文，孙齐传绕、传荣等，俱从宽改为斩监候，秋后处决；妻朱氏，妾丁氏，长媳奚氏，次媳吴氏，幼子齐传绚俱给付功臣之家为奴。该案株连齐召南等名士二十余人
乾隆三十三年		齐周华逆词案株及物故已久的前工部侍郎李绂，二月，江西巡抚搜查其诗文集，具折参奏。上谕："所奏未免过当。检阅各签，如李绂所作诗文，其间诚有牢骚已甚之词，但核之多系标榜欺人恶习，尚无悖谬讪谤实迹，即其与戴名世七夕同饮，原在戴名世犯案以前，且坐中不止一人，无足深究。"但"所有各项书本、板片，该抚可逐一查明，即行销毁"
乾隆三十四年		乾隆二十六年，沈德潜进呈《国朝诗别裁集》，以钱谦益冠卷首。谕以钱"在前明曾任大僚，复仕国朝，人品尚何足论"？命撤去其诗。当年六月，又以钱著《初学集》《有学集》"荒诞悖谬，其中诋谤本朝之处不一而足"，谕令各省督抚等将两书于所属书肆及藏书之家，悉数缴出，汇齐送京销毁。并著广为出示，谕定限二年之内尽行缴出，实开启是后延续十八九年查办禁书之序幕
乾隆三十六年	九月	张震南原以诗句狂诞发遣伊犁，复于戍所递呈献策，妄言滋事。法司拟照大逆律凌迟缘坐。上谕："核其词句，尚与悖逆者稍间。张震南著改为立斩，即于该处正法示众。"
	十一月	余朴以考职微员辄敢投递疏稿，擅陈时务，悠谬荒唐，诞妄滋事。上谕："但阅其所言'通选法''行均田'二事，不过穷极无聊，希冀得官，尚无悖逆不法之处。"余朴著从宽改为应绞监候，秋后处决
乾隆三十七年	三月	河南罗山县在籍革职知县查世柱私纂《全史辑略》四卷，后与革书李风仪因房产发生纠纷，李遂抱书出首。河南巡抚以逆案奏闻，及调阅所纂之书，不过"沿明季野史之陋""并未敢诋毁本朝，尚不至于大逆"。但将应禁之《全史辑略》藏匿不毁，且敢采辑成书，查世柱改为应斩监候，秋后处决
乾隆三十八年		福建闽县人游光辉遇卜人潘朝霖算命，潘言其命好，将来必发大运，遂与交好。此后潘另与他人交好，游以此怀忿，欲图陷害。九月途遇，即将潘拉回家内，买酒留饮，诱使其写一书札。十月福建按察使外出，游光辉拦舆递上潘朝霖所书"逆札"，诉称欲邀其入伙，前来出首。奏闻，以律载"大逆但共谋者，不分首从皆凌迟处死"，潘、游均应凌迟处死，其叔、弟、子俱应照律拟斩立决
乾隆三十九年		直隶盐山县童生王殉著书四本，欲明正《四书》大义。因《四书》内有"夷狄之有君不如诸夏之亡也"，心想"如今皇上是仁义之君"，所以将"夷狄"改为"义帝"，借此表白自己并无"悖障逆谤毁"之心。书成后，遣兄王琦至京在户部侍郎金简家投递字帖，奏闻，提解至京，以王殉"读书不就，遂捏造乩仙对联字幅，希图哄骗银钱，甚至敢于编造悖逆字迹，妄肆诋毁本朝，尤为丧心病狂，情实可恶"，应照"造作妖书律"拟请旨即行正法

拾玖

王伦起事

乾隆帝号称“十全武功”，其中最著名的当首为“西师”（乾隆二十年），次为金川（乾隆十二年）；而对缅甸的战事，从乾隆三十一年开始，到乾隆三十四年受到重挫，双方罢兵求和。对此，乾隆帝很不甘心，筹划对缅进行一次新的打击。但大小金川硝烟突起，不得不再次用兵金川。不想乾隆三十九年，就在大金川战事方酣之际，晴天霹雳，山东发生民变，一连攻陷几座城池，这在乾隆朝还是从未有过之事。

山东起事的领袖王伦，据说貌魁岸，有智谋，素习练气拳棒，善“邪术”。乾隆十六年入清水教，乾隆三十六年始借气功医病，广收教徒。按照“白莲教”教义，大劫（“末劫”即所谓“白阳劫”）在即，王伦被奉为率领教众“应劫”之“收元之主”。

乾隆三十九年春夏，山东荒旱，收成歉薄，地方官妄行额外加征，民众蓄怨已深；会寿张知县沈齐义等差人严拿邪教——就在近几年时间里，有好几个教派已被政府整肃——王伦得到信息，遂扬言八月之后有四十五天大劫，定于八月二十八日半夜子时提前举事，并预言其时会有风雨。

至期，寿张、堂邑同时起事，寿张知县沈齐义被杀。适值风雨大作，众益信服，所过之处，附众甚多，寿张、堂邑、阳谷、临清一带聚集两千余人。随即陷阳谷，复克堂邑，破城之后，杀官劫库，开监放囚，声言“只杀官劫库，不杀百姓”。然皆弃而不守，因三处城垣低矮残损，意欲攻得临清州或东昌府等坚固城池，以安顿随营家属，并伺机进取直隶、京师。

是时，中原腹地自三藩乱后，承平已近百年，教军遽起，畿辅震动。朝廷一面派山东巡抚徐绩、布政使国泰带兵从东昌一路进发，兖州总兵惟一从东阿一路进发，会同剿捕。上谕：“此案情罪甚为重大，即当按叛逆办理，非寻常纠众抗官可比，一经擒获到案，即应迅速审明，将为首者立时凌迟，其同恶相济之逆党亦即应斩决，必须多办数人，俾众共知儆戒！”又对绿营放心不下，命大学士军机大臣舒赫德即速由天津驰往临清，并调派健锐、火器营二千名，前往山东会剿，命直督周元理、豫抚何煟于毗连山东地方，江督高晋于徐州一带，调兵堵截。

九月中旬，王伦屯兵临清城南柳林，击退巡抚徐绩所提官兵，趁夜围攻临清新城，城上以劈山炮、佛郎机、过山乌轰击，王伦军伤亡惨重。乃率大队及车辆、妇女、辎重，移屯运河东岸旧城之内，其时附众不下万人。兖州总兵惟一、德州驻防城守尉格图肯率军与之交战于临清城外，败回东昌，寻以临阵退缩，被斩于军前。王伦乘势欲阻断漕运，派人抢夺粮船，搭建浮桥，并在浮桥两岸分守，堵截官兵。

九月底，各路官兵合围临清旧城，除有部分教军溃围逸出外，王伦等千余人俱在旧城内固守。临清旧城地势广阔，居民稠密，但城墙塌毁已久，舒赫德分派各路官兵入旧城搜剿。城内所杀尸身，填塞街巷，人马行走，几无驻足之处。沿河一带，浮尸满岸，其巷内教军车辆，半皆焚毁。

次日，官兵探知王伦在汪宅一间小楼之上，将其团团围住。王伦称“我宁可烧死楼上，断不肯投降”，随即自焚。据舒赫德奏报，“杀死贼众不下一二千人，其余活口并直隶、河南两省擒捉送到者一千七百八十八名，又自寿张、阳谷、堂邑三县解到临清者，共计一千二百名，已随时讯问正法”，致有“多杀无辜”之讥。

王伦起事是乾隆朝历史上一个不大不小的事件。所谓小，是因事件前后不过一月时间，动用兵力及帑银都不算多。比较金川，用兵几近十万，前后五年时间，花费七千余万两，实在不算大，以致有的乾隆传记都未写入王伦事件。所谓大，是因为这一件事的性质，致使许多史书把它当作了乾隆中、后期历史的分界线，或清代由盛入衰的转折点。

小型佛郎机——子母铳

至于王伦起事的“性质”，更是自是以来争论的一个焦点。事情发生之初，乾隆帝曾下令追查，谕：此事“必非无因而起，或该县平昔贪虐不堪，民情怨望，致酿事端；又或办理不善，激生变故”。巡抚徐绩奏称：讯据被获之犯，供“因寿张县查拿邪教甚严”，是以怀恨。

给事中李漱芳奏言：“山东省寿张县奸民聚众滋扰一案，臣于三四月间即闻进京人传说，各路上因雨泽稀少，麦收歉薄，行旅车马，动辄十数人围绕，不能行走。所冀者秋收在迩，可资接济。迨五六月后，虽节次得雨，总未透足。岁既不登，而地方有司又复粉饰相沿，收成分数捏报七八分不等。抚字无闻，催科日蹙，以致不法之徒乘机起衅。虽曰奸民，其实大半皆无告之饥民，激而成之也。”

乾隆帝却以此折“所见大不是”，谕：“奸民敢于聚众叛逆，劫库杀官，无论其非饥民，即饥民敢于谋逆，亦为国法所不宥。李漱芳此折转代奸民饰词诿罪，置顺逆大义于不问，是诚何心？所称山东被灾之说，殊不足信。”以此折宣发，将“眩惑愚民，殴之从贼”。舒赫德覆奏，据孟灿等所供，地方官于荒歉之后，复额外加征，以致激变。

据《实录》记载，乾隆三十九年春夏“山东亦甚缺雨”“济宁上下运河盼雨甚殷”“今年东省雨水短少，较畿辅尤甚”，可以证实山东西部，寿张、堂邑一带春夏确实干旱歉收。地方官讳灾粉饰，额外加征，这更是乾隆朝后期司空见惯之事。

对此，乾隆帝断言“贼供本不足据”，又称据寿张县吏目杜安邦所言，“寿张收成实有对半，各处俱有盖藏，并非荒歉，该县民人亦无曾经告灾之事”。然“收成实有对半”之说，与此似亦不无矛盾。直隶总督周元理亦称：“山东逆匪王伦聚众谋为不轨，先由邪教而起，有白莲、白阳、清水等各种名色，始则念经聚会，敛钱哄骗，渐则散布邪言，习学拳棒，以致流为谋逆。”

王伦所入清水教，原名八卦教，又名五荤道、收元教，为康熙初年山东单县人刘佐臣所立，分八卦收徒。王伦所入可能系其旁支，也有二十年以上的历史。据说，他们都可以归入一个大的教派——“白莲教”。

其立意，与年成如何并无必然的关系。这一点，倒可能是乾隆帝说对了，尽管他有无视地方饥灾之嫌。对所谓民众“叛乱”问题，学界则一直存在不同看法，如有的强调“阶级斗争”，有的强调“经济原因”，有的则把它归于“宗教信仰”。

据王伦义子、元帅王经隆供词：“我们早就知道王伦有谋反的意思。今年寿张等处年岁具各有收，并不荒歉。寿张县官访着王伦有传道的事，才要查拿，就被入道的民壮刘焕闻知，送信王伦，遂即起事。”研究王伦起事和宗教活动的权威韩书瑞倾向于后者，她认为：“构成成员关系的唯一原因是信仰，而不是背景。”根据清代的有关史实来看，似乎说“信仰”（或“教派”）之争，恐怕来得更信实些。

王伦起事，可能只是当年的一件小事。但它却是一个预兆，在很多方面，都成了以后民变的先声。

如乾隆四十二年，甘肃河州就发生了元顿教聚众起事的事件。其教主王伏林自称弥勒佛转世，能点石成金，当地人入教至二千余人，倡言十一月四日至河州白塔寺同建龙华大会，救度众生，若有携带家口赴会者，待功德圆满，众人全家都有好处。并拟十二日攻破河州，抢劫仓库，得手后即抢兰州省城。河州知州访闻白塔寺民人黄国其家中聚集多人，竖幡念经，并令居民供应粮食，即前往围捕，不料该地民人执刀棍拒捕，殴伤快役七人。陕甘总督于初九日带兵前往剿捕，经十三日一场激战，王伏林等四百余人被击毙，另有五百余人被生擒。事闻，上谕："此案与山东王伦叛逆无异，所有首伙要犯必须上紧弋获，尽法重治其罪。"

乾隆四十六年，更发生了甘肃新教苏四十三起事，攻打城池一案。上谕："若不即行擒获，尽绝根株，即可酿成王伦之事。"

乾隆四十九年四月，甘肃新教在田五的领导下再次揭竿而起事。

乾隆五十一年，发生直隶大名八卦教徒谋占城池，图为不轨，纠聚党伙，起事杀官的事件……

从此，这几乎就成了一个模式。

而且，正是"白莲教"最终发起了乾隆末年的那场著名的大叛乱。

王伦起事，也许没有在广大群众中得到热情的回应，也不表示清代中期的衰落。但到二十年后，恐怕一切都不一样了。

贰 拾

第五次南巡

乾隆四十五年，乾隆帝开始第五次南巡。

乾隆四十二年，皇太后去世，乾隆四十三年十月，上谕："朕于乙酉（乾隆三十年）南巡回銮时，因耆孺攀恋情殷，曾许以翠华再莅。然敬念圣母皇太后春秋已高，难以再奉安舆，长途远涉。遂谕江浙大吏，不必更以南巡为请，距今已十有四年。其颙望悃忱，自益肫切。且自前巡阅定五坝水志，以为展拓清口之准，下河从此遂免水灾。嗣闻黄河倒漾，所系甚重，因酌定挑浚陶庄引河，河成而清黄交汇处，移远清口，不复有倒灌之患。一切善后事宜，若非临莅阅视，究不能悉其实在情形。至浙省海塘，近来潮势渐趋北岸，深为廑念，亦不可不亲为相度机宜。"

著于乾隆四十五年正月诹吉启銮，巡幸江浙，便道亲阅河工海

清乾隆第五次南巡往返路线示意图

塘。“所有各处行宫坐落，俱就旧有规模，略加葺治，毋得踵事增华，致滋烦费。”于乾隆四十四年八月举行恩科乡试，乾隆四十五年三月举行恩科会试，以彰寿考作人之盛。至各省漕粮，于乾隆三十一年普免一次。“用是再沛恩膏，著于庚子年为始，复行普免天下漕粮一次，俾藏富于民，共享盛宁之福。所谓敛福锡民，庆莫大焉。”

至于南巡费用，前四次俱曾赏给银两以资筹办，而督抚至道府等大员亦有称自捐廉俸者。然两江总督高晋等俱有应缴之项（即所谓“自行议罪银”），势不能再捐养廉。若只令司道公捐，更属不成事体。嗣定五次南巡办差所需，从两淮运库拨银三十万两，从浙江盐项余银内拨银十万两。翌年夏，两淮盐政又奏准照上数届南巡之例，从应解内务府银库铜斤等款银两酌留银十二万两，以备五次南巡时赏赉之用。

第五次南巡，在历次南巡中靡费最甚。据说，乾隆帝曾面谕扬籍京官，谓宜恬淡朴素，但取自然风景，而不事雕琢，方为合体。绅士盐商急思改观，于是扬州有樗园之建。而御舟相距镇江十余里远，遥望岸边有大桃一枚，硕大无比，颜色红翠可爱。将近则“烟火大发，光焰四射，蛇掣霞腾，几眩人目。俄顷之间，桃砉然开裂，则桃内剧场中峙，上有数百人，方演寿山福海新戏”。

乾隆帝喜欢论佛，常和途中僧侣议论禅机，地方官就叫文人中通佛理者假扮和尚出面迎驾。南巡时盛行演剧，绅商们匆忙请人编了新剧，把戏台驾在两只船上，驶在御舟前面演唱，“高宗辄顾而乐之”。

这岂不成了一大讽刺？因此乾隆帝觉得，不能不站出来说几句了："今春再举时巡之典，乃自启跸以来，从事浮华。山东已开其端，至浙江为尤甚，朕心深所不取。恐后任督抚，见此次所办差务，已多粉饰，未免踵事增华，从而加甚，势将伊于何底？朕临御四十五年，无日不廑念民依，乃以省方问俗之殷怀，转贻口实，是诚督抚大吏之不能善体朕心，而朕亦将引以为愧矣。著再通饬各督抚，

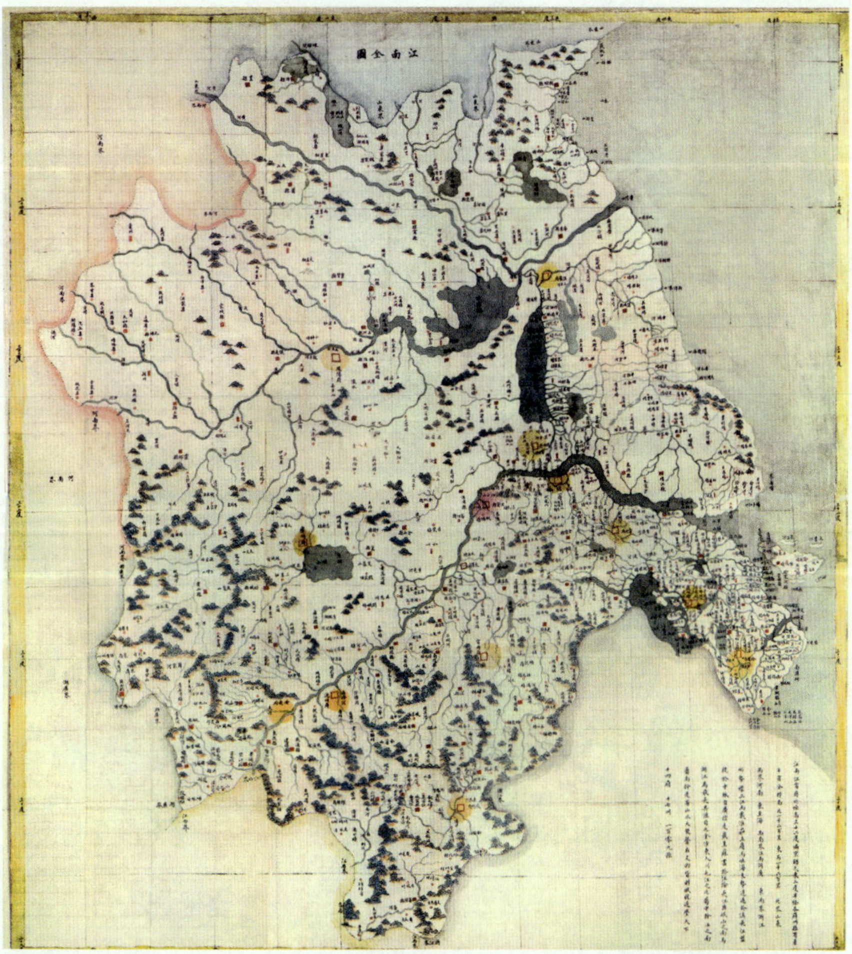

◉ 皇舆全览图·江南

以后务宜黜奢崇俭，于地方诸大政，实心经理，毋得徒事繁华，致滋浮费，以称朕惠爱东南黎庶之至意。”

实际上，各种奢华从直隶就开始了。

其间，上谕：“前岁山左过求华丽，多耗物力，朕甚勿取。”又谕曰：“毋张灯演剧，踵事增华……”读此等谕旨，何尝不是节俭爱民，从谏如流，而实际上全然相反，经一番谕旨惩戒，奢华靡丽又多了一分。

随后发现，总办南巡差务之杭嘉湖道王燧，查抄赀产多至二十余万两，劣迹种种，民怨沸腾；一同总办之知府陈虞盛，亦曾在杭州、嘉兴置买房产。“南巡时经过江南各水营，尚系仿照上届规制，不过略加修整，及添修古迹一处，朕已觉其不妥，即传旨给还原主。及一入浙江首站，则屋宇倍增，并多点缀。随面饬三宝、王亶望，不应如此繁费，殊非朕省方问俗之意。彼时虽成事不说，而朕心实踖踧不安，曾有御制驻浙江水营诗言其事。比至杭州，则添设座落更多，今据阿桂等查办情形，则是王燧、陈虞盛藉办差为名，肆意侵蚀。外博见长之巧，阴遂贪纵之私。大约此事皆王亶望主张。”

乾隆帝御制驻浙江水营诗曰：“江南水营屋三间，已谓不当心踖踧。浙江水营倍过之，点缀亭台及花木。争强长此竟安穷，今驻明发只一宿。未曾豫戒吾之过，实不思及此豫督。将求吾喜喜何曾，益觉怦怦增鞠恧。”

乾隆四十八年二月，又查出王燧串通原任浙江巡抚王亶望侵蚀粜米银款、浮收折色，得赃至数万两之多，奉旨将其立斩。

乾隆四十五年八月十三日，是乾隆帝七旬万寿。以前每逢这一时节，避暑山庄连日筵宴不绝，从北京到承德三百里道边树木上披红挂彩，装饰一新。乾隆四十五年这次庆祝活动则更为隆重盛大。上年进贡的无量寿佛，便已达一万七千九百六十三尊；乾隆四十五年七月，贡车多达三万辆，篝火相望，铃铎动地，鞭声震野。

虽然事先谕禁各省督抚当年八月赴避暑山庄祝寿，购备贡品，夸方斗靡，但臣工进贡多有金器。湖北巡抚郑大进贡物中，除有多种金器外，复有金锭一千两，有旨申饬。迨乾隆四十七年，闽浙总督陈辉祖将王亶望入官金两抽换为银并勒索属员金叶金器之事败露，乾隆帝始略有自责之意，降旨称前因班禅额尔德尼来京庆祝，于热河建造扎什伦布庙需用金两，及金如意等件，以备颁赏，其时各督抚即有呈进备赏金器者，以作加赏班禅之用，因量为赏收。“此系朕失检点处，或督抚等即借此名色，向属员勒索，亦未可定。现在此事已过，不可不严行饬禁。”

乾隆四十五年八月己未，即乾隆帝生日这天，他写了《御制古稀说》，曰：

“三代以上弗论矣。三代以下，为天子而寿登古稀者，才得六人。至夫得国之正，扩土之广，臣服之普，民庶之安，虽非大当，可谓小康。

“且前代所以亡国者，曰强藩，曰外患，曰权臣，曰外戚，曰女谒，曰宦寺，曰奸臣，曰佞幸，今皆无一仿佛者。

“即所谓得古稀之六帝，元、明二祖，为创业之君，礼乐政刑，有未遑焉。其余四帝，予所不足为法。而其时其政，亦岂有若今日哉，是诚古稀而已矣。

“夫值此古稀者，非上天所赐乎。天赐古稀于予，而予设弗以敬承之，弗励慎终如始之志，以竭力敬天法祖，勤政爱民，古云适百里者半九十里，栗栗危惧，诚恐耄荒而有所陨越，将孤天恩。予又何敢如是？”

乾隆四十六年八月，乾隆帝于避暑山庄著《知过论》一文，对吏治日渐败坏之源有所反省：“予去岁为《古稀说》，历数古来秕政之过曰强藩，曰外患，曰权臣，曰外戚，曰女谒，曰宦寺，曰奸臣，曰佞幸，而幸今都无其事，非骄也，盖纪其实，且以自励也。然则，予遂无过乎？曰有。为何过？曰为‘兴工作’。盖予承国家百年熙和之会，且当胜朝（明朝）二百余年废弛之后，不可无黻饰，壮万国之观瞻。且凡兴工作皆弗用国帑，惟以关税赢余及内帑节省者，物给价，工给值，虽有工作，闾阎本不知，贫者且受其利，是实我朝之善政家法。如是，则所为兴工作者为无过矣，而予引以为过者，盖心有所萦系，必有所疏忽，得毋萦系于小而或有疏忽于大者乎？夫小者悦目赏心是也，大者敬天勤民是也。予虽不敏，实不敢因其小者废其大。若夫时巡所经，各督抚每缮行宫以备驻憩，虽

《知过论》书影

云出自捐养廉、资商力，然争奇较胜，予不为之喜，且饬谕之。究其致如此者，过应归于予，谓之无过，实自欺也。夫不知其失犹小，过而弗改，又从而为之辞，是文过也，其失大。既知过矣，欲改矣。”

贰拾壹

水利工程

第五次南巡标榜的就是阅视清口和浙省海塘工程。

乾隆四十二年六月，以江南陶庄新建河神庙成，乾隆帝亲制碑记，文曰："陶庄之土，逼河南流，近清口。盖始自宋时南徙，历元及明，不知其几何年矣。于是有黄水倒漾之患，于是有藉清敌黄之说。然而清水常弱，黄水常胜，虽劼劬补苴，终不能得其要领，而倒漾自若也。惟我皇祖圣祖仁皇帝，首见及于此。康熙己卯岁南巡时，即命开陶庄引河，俾远避清口，以除倒灌之患，诚釜底抽薪之计也。其后庚辰、辛巳岁，壬辰、甲午岁，以及雍正庚戌岁，历代河臣，屡挑屡淤，于是引河之事，遂置而弗论。逮乾隆己未岁，予命大学士鄂尔泰视河，仍持开引河之议，而河臣、河员率以为难行。高斌向称为善治河者，亦以为功不易就。于是引河之事更罢，而无有言及者矣。然予以为陶庄之引河不开，终无救清口倒灌黄流之善策。但南巡四次。未至其地。用是耿耿于怀。适昨岁东巡，苏州抚臣萨载来觐，与之谈及河务，以为陶庄引河，则必宜开，而未敢必也。及萨载之任，与督臣高晋亲履其地，测量高下曲直，头尾宽窄，绘图贴说以闻。朕复详酌形势，以朱笔点记。往返相商者，不啻数次。议既定，乃于去岁九月十六日兴工。以今岁二月十五日，乘春汛水长之候，放流入新河，而旧河筑拦黄坝以御之。既放之后，新河顺轨安流，直抵周家庄，始会清东下，去清口较昔远五里，于是永免倒灌之患。而引河之工成，夫自康熙己卯（康熙三十八年），逮今乾隆丁酉，历七十余岁，屡举而未成，及一举而遂成者，岂非时有可乘不可乘之殊，而总赖天助神相之所致耶。自始事以迄成功。予实昼夜在心，默叩祷谢，无可言喻。”

自古以来，淮河独流入海，宋以后，黄河南侵入淮，淮河下游河道遂为黄水所夺。而清口处于黄、淮、运交汇之处，上有洪泽湖，下有宝应、高邮、邵伯诸湖，南通长江，北连黄河，东通大海。明末清初，河工年久失修，黄河连年泛滥，决口频繁，黄河之水逆入清口，倒灌洪泽湖，合淮水并力东冲运河河堤，造成黄、淮、湖、运连成一片汪洋，百姓田园庐舍

圣谕碑

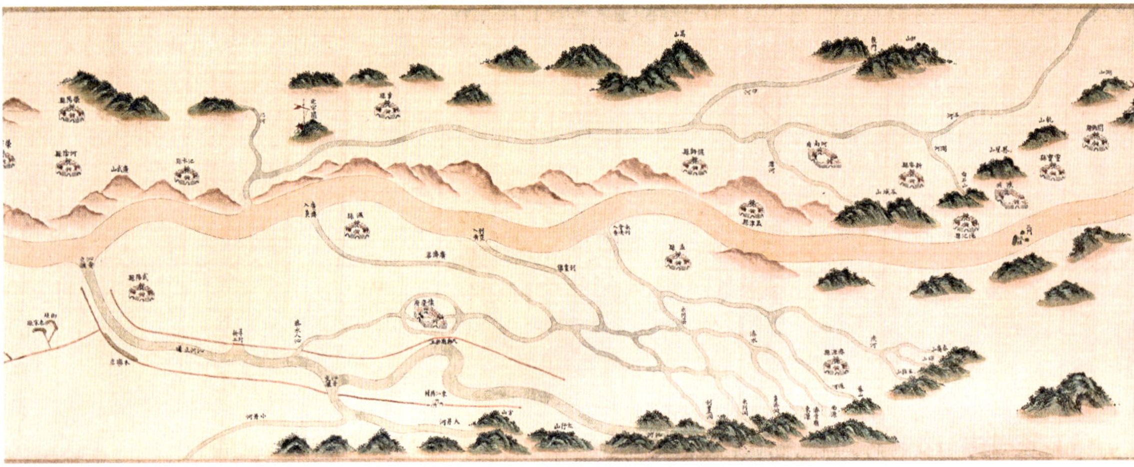

豫东黄河全图（局部）

变成泽国，同时运堤崩溃，漕运受阻。因此，治河、导淮、济运三种方略皆集中于淮安府清口一隅之地。

康熙帝亲政之后，把“河务”和“三藩”“漕运”并列为清朝的三件大事。康熙帝一生六次南巡，于康熙三十八年（1699 年）第三次南巡，亲临视察，皇帝从此取代河督，坐上了全权指挥者的位置，亲自指授河工事宜。

这可以说是十八世纪中国历史里的一件大事。所以乾隆帝的上谕中说：“南巡四次，未至其地，用是耿耿于怀。”皇帝之所以能这样，首靠的就是亲临其地。

先是，乾隆四十三年闰六月河决，乾隆四十五年二月黄河仪封决口合龙。前后历时二十个月之久，陆续调发帑银五百余万两。乾隆帝特派大学士阿桂前往主持堵筑工程，并多次召见参与其事之直隶总督袁守侗、工部侍郎德成等询问工程情况，解决疑难，指示机宜。

所以这次南巡亲临，上谕："或因今年春间，朕亲谒陶庄神祠，吁祷祈佑，仪封漫口，即于次日合龙，因此朕心稍慰。"

但祸不旋踵，乾隆四十六年夏，河决仪封，向北泛滥之水由赵王河归大清河入海，其余经山东由昭阳、南阳等湖南下。十一月，朝廷上展开了一次关于是否让黄河回归故道的重大讨论。

上谕："嵇璜面奏令黄河北流仍归山东故道。朕揣度形势，早知其事势难行。无论黄河南徙，自北宋以来，至今已阅数百年。即以现在青龙岗漫口情形而论，其泛溢之水，由赵王河归大清河入海者，止有二分。其由南阳、昭阳等湖汇流南下，归入正河者，仍有八分。岂能力挽全河之水，使之北注？此事势之显而易见者。从前孙嘉淦亦曾有此议，究以形势隔碍难行，其说遂寝。今嵇璜复有此奏，兹据阿桂等覆奏，俱称揣时度势，断不能行，其词若合一辙。谅阿桂等必揣合朕意，故为此奏。但嵇璜尚素为熟悉河务之人，其前奏使河流仍归山东故道之语，亦必中有所见。即使其事难行，而其言为要工起见，究属因公。且治河之策，本应集思广益，正不妨博采周谘，以期询谋佥同，折中至当。著大学士、九卿、科道等再行悉心妥协会议具奏。"

几天以后，又谕："给事中李廷钦条奏，请仍疏大清河入海故道，俾得二分北流，稍叙全河之势等因一折。此奏甚谬，朕屡次南巡，阅视河工，最为熟悉，尚不敢轻言能治河也。"其议遂寝。

其实，黄河回归故道并非是不可能的，就在几十年后的咸丰年间，黄河决口改向北行，从直隶入海，直至于今。反观二百余年前

◉ 乾隆南巡图·渡黄河（局部）

的这场争论，亦不能不对当日政府干预的意向和力度，有所感慨。

乾隆四十八年二月，漫口合龙，全黄复归故道。开销工料银两达近一千万两以上。据昭梿估算，整个乾隆朝用于河工、海塘的帑金“以亿万计”。

贰拾贰

贪纵案

在第五次南巡途中，乾隆四十五年正月，乾隆帝发出了查办大学士兼云贵总督李侍尧的命令。原因是他听到了关于李侍尧劣迹的私下议论。

李侍尧是乾隆帝一手提拔起来的。乾隆元年，李始为荫生，乾隆二十二年代理两广总督。他以精明强干赢得皇帝的器重。据《啸亭杂录》："公短小精敏，机警过人，凡案籍经目，终身不忘，其下属谒见，数语即知其才干，拥几高坐，谈其邑之肥瘠利害，动中要害；州县有阴事者，公即屡屡道之，如目睹其事者。"《啸亭杂录》又曰："然性骄奢贪黩，竭民膏脂，又善纳贡献，物皆精巧。是以天下封疆大吏，从风而靡，识者讥之。"案发下狱，起复后，"贪黩仍如故"。乾隆三十八年仍在两广总督任内的李侍尧，被晋升为武英殿大学士，两年后被抬入汉军镶黄旗，升至上三旗。

主持这次查办的户部侍郎、军机大臣和珅，是政坛上的一颗新星。他于乾隆三十七年得到三等侍卫的空缺，乾隆四十年得遇乾隆帝。半年之内就被授为副都统、户部右侍郎、军机处行走、内务府总管大臣。从天而降的审讯，令李侍尧猝不及防，只得如实招供。经核实，李侍尧共勒索收受属下银三万五千两，这只是他非法收入的一部分。

另据调查，由于他婪索属员，滇省吏治废坏，各府州县多有亏空。按照惯例，这足以置其于死地了。乾隆帝也说："至如李侍尧之赃私累累逾闲荡检，实朕意想所不到。今李侍尧既有此等败露之案，天下督抚又何能使朕深信乎？朕因此案实深惭懑！"

在这之前，只有一个例外，即卢焯。卢焯隶汉军镶黄旗，长期出任地方大吏，是一位能臣，每到一地都兴利除弊，广有德政；在审批嘉兴桐乡汪姓分家案，收受贿银五万两案发后，百姓"渲言，求释放卢，推倒都统衙门鼓亭栅门""呼啾罢市""数万人赴制府军门击鼓""呼冤蹋足"，因在限期之内退完赃银，乾隆帝免其一死，发往军台效力，乾隆十六年赦归，四年后再度起用。

◉ 李侍尧像

可是和珅对李侍尧拟处的上报仅

仅是斩监候、籍没家产；主张按例从严处置的大学士、九卿将斩监候改成斩立决，没有想到乾隆帝并不想处死李侍尧，故传谕各省督抚，对两种意见各抒己见。督抚多附和大学士、九卿之议，只有安徽巡抚闵鹗元明确表态，按和珅原拟结案，对“历任封疆，勤干有为，久为中外推服”的李侍尧，“照八议条内议勤、议能之文，稍宽一线，不予立决”，乾隆帝遂就此议决定“罪拟惟轻”“不为已甚”，李侍尧著即定为斩监候。

如此破例之举，致使外间议论纷纷。据来华朝鲜使臣称：查抄李侍尧家产“有黄金佛三座、珍珠葡萄一架、珊瑚树四尺者三株，此是侍尧进贡物件而还给者也。盖藩镇进贡，有九种物则每以三种还给。大抵侍尧贪赃中，五之三入于进贡，故皇帝心欲宥之”。

其后，甘肃冒赈侵贪案内，闵鹗元之弟知县闵鹓元贪污银一万九千八百余两，闵鹗元知情不举，始终掩护。当是之时，闵鹗元抚吴，苞苴日进，动逾千万，而平居布衣蔬食，接见僚属必谈性理。迨以其弟获罪，吴人谚曰：“议贵议功一言活，昭信中堂(指李侍尧)难逃青史；伪仁伪义三品留，江苏巡抚无补苍生。”

李侍尧在判处斩候不及半年，甘肃爆发苏四十三领导的回民起事，因此得到特赦，以三品顶戴赴兰州办理军务，未几被任命为代理陕甘总督。此后在平定台湾林爽文起事过程中又担任了浙闽总督、督办台湾军务，并因功而图形紫光阁。

据史书记载，此案为和珅借机倾覆与己有怨的李侍尧。从此，不管真情如何，有太多的事情都与和珅有了关联。《朝鲜李朝实录中的中国史料》则记载，李侍尧“为皇帝所信任，年老位高，平日儿畜和珅，珅衔之。年前侍尧为云贵总督，而贵州按察使海明（应为原任云南粮道、擢任甘肃臬司海宁）为沈阳府尹入京谢恩，历辞和珅。珅私问侍尧动静，海明言，侍尧贪浊无厌，畏其诮责，尝赂黄金二百两为寿于生日。珅乘间奏之……"

乾隆四十六年六月，似乎也是出于偶然，王亶望案发。

乾隆四十六年初，甘肃发生了苏四十三领导的回民起事，朝廷先后派和珅、阿桂带兵前往。二人在进入甘肃省境内后，因"大雨竟夜"，以致延误行期。乾隆帝一览此奏，便对"该省向来年年报旱"心生疑虑，当即传谕对该省实施捐监以及以捐监粮赈灾一事"仔细访查"。

先是，乾隆三十九年陕甘总督勒尔谨以"地瘠民贫"请求实施捐监（捐本色粮四十石即予以国子监监生名分），为此，乾隆帝特派浙江布政使王亶望前往甘肃任布政使办理捐监。此后从乾隆三十九年到乾隆四十二年，甘肃年年报灾（旱灾），以赈灾的名义，消耗掉账面上的捐监粮共计七百三十万石。乾隆帝在乾隆四十四年的一首诗中，就写有"民贫地瘠是甘凉，加赈年年例如常"之句，足以反映出迭年报灾、赈灾的奏疏，给他留下了深刻的印象。

不料所谓捐监粮纯系骗局，从一开始就违背"准令本色报捐"的谕令，私自改征折色（银两），捐银五十两予一监生名分，历次累计收银一千万两以上。主持捐监的王亶望与兰州知府蒋全迪等人捏造灾情上报，"将被灾分数，酬定轻重，令州县分报开销"，"上下串通一起"，侵吞捐监银一千万两左右，该省官员共有一百零二人陷入此案。是以乾隆帝一再慨叹此案系“从来未有之奇贪异事”！特别是，王亶望偏偏在乾隆帝最为“自诩”的粮政荒政领域犯案，真是犯了大忌。

◉ 清代的捐输银

经阿桂、李侍尧审理，甘肃全省官员从总督勒尔谨到主持捐监之王亶望、蒋全迪、王廷赞（案发时任布政使）及全省州、县、厅的所有官员全都有所染指。据原迪道知州陈常交代，他在主持赈灾时，多报二万三千两，其中王亶望得银一万二千两，蒋全迪得银一万两。而平番知县何汝南在办赈时，多报五万两，“前后被总督勒尔谨派买物件用银六千两，王亶望索过银一万八千两，蒋全迪索过银五千两。”

在此案中，侵吞银两最多的是已升任浙江省巡抚的王亶望，王亶望家产达三百万两以上（尚不包括未估价的字画、古玩），据他自己讲，其中有一半是侵贪所得。而在州县官员中，最多的达十万两左右。按照当时的律文，贪污一千两就该处死，但在此案处理中皇帝已把斩立决的标准提高到两万两；即使如此，被处死的贪官仍有五十六人之多。虽然陕甘总督勒尔谨并未直接侵吞赈灾银，但收受属下所买物品且数额巨大，故同王亶望、王廷赞一起被判处死刑。上谕：“从前各案尚未至侵蚀灾粮、冒销国帑至数十万金，如王亶望之明目张胆、肆行无忌者。王亶望由知县经朕加恩用至藩司、巡抚，乃敢负恩丧心至此！自应即正典刑，著即处斩。”

此案的严重性在于：一是全省上下通同作弊，“全省大小官员无不染指有罪”，这在清代还是第一次；二是“内外大臣，皆知情不举”，以至“天下无不共知”，而“内外臣工并无一人言及”，都向皇帝封锁消息；三是各级官吏视库府为私囊，任意侵吞，以致该省各州县亏空银八十八万余两，亏空库粮七十四万多石。

上谕：“近年侵贪案件屡经败露，岂水濡民玩，遂致侥幸身试，愍不畏法者多耶？”同期又谕：“甘肃各官，上下通同一气，目无法纪，至于如此。虽王亶望一人之作俑，而官官相护之风，至于举朝皆然。朕竟不能以诚感众，实为惭懑！不知众人以为何如？”

查抄王亶望还留下一个插曲及一个余波，插曲便是王亶望的一位色艺俱佳的宠妾落入和珅之手；余波则是王亶望的家产竟被调换，以至又引发查抄陈辉祖的轩然大波。

原来，浙闽总督陈辉祖利用负责查抄王亶望家产的机会以银易金，并把一些名贵字画、古玩据为己有。他哪会料到皇帝对王亶望收藏的字画、古玩竟了如指掌，以致弄巧成拙，引火烧身。

乾隆四十七年初，王亶望家产解京。乾隆帝在查验古玩字画时，发现他以前进贡物品被退回的部分（进三退一所退回者），均已不见。按照规定退回的进贡品是不能挪作他用的。更令乾隆帝感到惊诧的是，解京的字画、古玩“多系不堪入目之物”，断定其中“显有抽换隐匿情弊”。于是令和珅把抄家底册与进呈册一一对照，经检查发现底册内所开列的金叶、金条、金锭共四千七百四十八两在进呈中消失了，进呈册中却只有白银七万三千五百九十四两，按照金银

15 : 1 的比价，此项银两与金折价大体相当（当时的比价一般维持在 20 : 1）。底册内所列玉山子、玉瓶等件在进呈册中均没提到，但进呈册中又多出朝珠、玉器等件，为底册所无。这批东西竟然都被陈辉祖偷换了。

上谕："陈辉祖上年办理塘工颇为出力……所犯情节与王亶望之捏灾冒赈侵帑殃民者，究有所不同；即较国泰之代父赎罪为名，公然勒派属员，以致通省州县俱有亏空者亦尚有间。《传》所云'与其有聚敛之臣，宁有盗臣'。陈辉祖一盗臣耳！其罪在身为总督置地方要务于不办，以至诸事废弛，种种贻误。而侵盗者止系入官之物，不过无耻贪利，罔顾大体，究非朘克小民以致贻误地方吏治者可比。"因此决定把陈的"即行正法"改为"斩监候"。

这一处理却要比甘肃冒赈案严厉得多，在甘肃冒赈案中，侵吞银万两以上才处死刑，按此标准，侵吞一千数百两的陈辉祖是可以幸免一死的。但抽换抄家物品直接触犯了皇帝的利益，所以才不肯从轻发落，对他的"斩监候"不可能像对李侍尧那样监而不斩。乾隆四十八年二月，赐陈辉祖自裁。在皇帝看来，让其落个全尸，已经体现从宽发落的旨意了。

查抄家产籍没入官，反映出皇权至高无上的权威，虽然这一措施并非乾隆一朝所独创，但在这一时期抄家之盛确令人咋舌。一般说只有谋反大逆才处以籍没家产的惩罚，然而在乾隆朝，其应用却要广泛得多，带有了很大的随意性。

事后谕令闽浙总督富勒浑等查办浙省仓库亏空，如有亏短情弊，即据实禀明，酌分年限，速行弥补全完。富勒浑旋以访查浙、闽两省亏空，发现其仓谷一项，各州县俱未能足额具奏。

发生在上述两个案件之间的，还有山东国泰案，这是和珅参与处理的第三个大案，前人所记（如《郎潜纪闻》《履园丛话》《清朝野史大观》等）多认为和珅是国泰的包庇者，其实不然。乾隆四十七年四月，都察院御史钱沣疏劾山东巡抚国泰、布政使于易简“贪纵营私”“国泰于属员题升调补，多索贿赂”“按照州县肥瘠，分股勒派。遇有升调，惟视行贿多寡，以致州县亏空或八九万两，或六七万两。布政使于易简亦纵情攫贿，与国泰相埒”。

国泰，富察氏，满洲镶白旗，四川总督文绶之子，曾任刑部主事、郎中、山东按察使、山东布政使等职。乾隆三十八年，已调任陕甘总督的文绶，因在四川任内庇护纵子为非的阿尔泰，被戍伊犁。国泰疏请同父一起遣戍，得到皇帝的赏识，不仅保住官职，而且很快升为巡抚。国泰少年得志，为人跋扈，对待属下“不以礼，小不当意辄呵斥”。文绶因庇护阿尔泰交罚银八万两，国泰则明目张胆勒索属下，代父交纳赎罪银两。

于易简系已故大学士于敏中之弟，虽然也出身宦门，但生性懦弱，在国泰大发雷霆时，于易简竟然奴颜婢膝，“长跪白事”。对于国泰的颐指气使，于易简已经是司空见惯。

对于国泰的“性情乖张”，军机处首席大臣、内阁首辅阿桂，云贵总督福康安，和珅等相继向皇帝“密为陈奏，欲以京员调用，消弥其事”，却被皇帝拒绝。因屡闻“国泰在山东巡抚任内不能得属员之心”“恐其有不法款迹”，遂于乾隆四十六年正月，“传谕令于易简来京讯问”。于易简则力保“国泰并无别项款迹”“惟驭下过严，遇有办理案件未协及询问不能登签者，每加训饬，是以属员畏惧，致有后言”。并说“吕尔昌与国泰均系刑部司官出身，常委审理案件，并无徇庇交通事”。

于氏何以要把自己的身家性命与国泰紧紧连在一起？或许满汉关系是一个不能不考虑的因素。大凡汉官在同满官相处时，一般都会退避三舍。而且正是由于国泰的提携，担任济南知府的于易简才得以升任山东布政使。在于敏中去世后，于易简对国泰更为依赖。兼之国泰与于易简又都嗜好昆曲，有时还一起粉墨登场。

为此乾隆帝愤怒地指斥说：“于易简乃竟敢于朕前饰词容隐，朋比袒护，其居心实不可问！外省藩臬两司，俱有奏事之责，遇有督抚不公不法之事，原准其飞章上达，况经朕之觌面询问乎？若外省尽如于易简之欺罔，则督抚藩臬，上下联为一气，又将何事不为？”

和珅会同都察院左都御史刘墉、御史钱沣等奉命前往济南，查得历城县库项银数虽属相符，但内中颜色掺杂不一。又将仓谷逐加盘验，计缺少三千余石。《履园丛话》记此事，云：“国泰平日奔走和珅门下，和珅奉旨查办后，先已授意

◉ 刘墉像

国泰弥缝掩盖，及抵济南，和珅令抽查库银即可。钱沣与刘墉决计彻查，遂封库，库中多系圆丝杂色银，显系借商人铺户以充数者，因诘问库吏，得其实。”

据说和珅等一行方从京城出发，国泰“闻有钦差赴德州一带公干之信”，即同于易简商议：“历城现有亏空，府里我有买办物件余有银两，叫他挪动，暂时顶补便了。”所说即其平时抑勒各府、州、县官帮助派买物件、勒索属员之银两。上谕：“此事业经举发，不得不办。然上年甘省一案，甫经严办示惩，而东省又复如此，朕实不忍似甘省之复兴大狱。”

甘肃冒赈案使得该省从上到下来了个大换班，地方机构一度陷于瘫痪。显而易见，皇帝并不想把山东当作第二个甘肃。因此他一再强调：“东省各州县被上司抑勒需索，原与甘省之上下通同一气，公然冒赈殃民有间。此朕之不为已甚之心。著详查妥办，酬量轻重，予以二三年之限，令其自行弥补。”

和珅像

经和珅、刘墉详查，山东省各州县亏空银两累计达二百万。造成该省亏空如此严重的原因，其实是多方面的，除国泰勒索外，还有承办差务、公益事业及境内军需费用得不到奏销等原因。最突出的就是镇压王伦起事及修浚河道。据继任巡抚明兴奏：东省积习相沿，竟有

“原装原卸”之说，是以只望得缺到手，无论亏短盈千累万，一力担承。“及至接印任事，以盈余为本分应得之财不知餍足，以短少为前任亏挪之数付之漠然。设或后任不肯接收，即直禀上司，以为前任亏缺，本有此数，与己毫不相干，上司亦因平日与之交结夤缘，碍难查办，仍复勒交后任辗转蔓延，以致迄无底止。”

然而皇帝却不肯接受承办军需之说，而认为“总之东省亏空皆由国泰、于易简，一则恣意贪婪，一则负心欺罔，以致酿成其事！”

尽管于易简并未勒索属下，然而当最终量刑时，却同国泰一样被赐令自尽。

御史钱沣在参科国泰时曾奏言：“嗣后愿皇上勿受贡物，俾天下督抚无以借口。”为此明发谕旨，告诫各督抚不得以进贡为能事：“各省督抚每逢年节及朕万寿呈进贡物，原以联上下之情，在伊等本人养廉原属优厚，赡给身家及延请幕宾支用外，其赢余备物申悃，固所不禁，而伊等之升迁倚任，则全不系乎此矣。督抚中李侍尧、国泰所办贡物较他人为优，然李侍尧之久任总督，实因其才堪任事，国泰虽平日用心贡献，及得罪亦不能邀恩幸免。各省督抚惟当正己率属，若专以进献为能事，已非大臣公忠体国之道，况又借名以为肥身之计，督抚取之属员，属员必取之百姓，层层朘剥，闾阎生计尚可问乎？且督抚呈进方物，原以廉俸有余，借抒忱悃，若仍辗转取之民间，朕又何难明加赋敛，而必假手于督抚？”

乾隆四十七年十二月，御史郑澂再次奏请饬禁进贡珠玉宝玩，曰：“任土作贡，所以联上下之情，备赏赉之用，非有所利于其间也。况各督抚养廉至为优厚，果其出赀献纳，何至派累侵挪？乃不

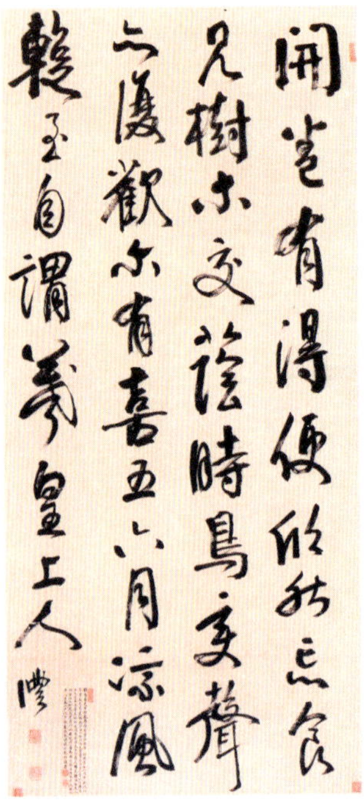

御史钱沣书法

意近如王亶望、国泰、陈辉祖之流，巧滋诈伪，曲遂侵渔，物物指为贡函，时时饱其私橐，求索无厌，贿赂公行，以致属库多亏，无能过问。今蒙皇上洞烛其奸，禁呈金器，但兼金之价，不过二十换上下而止，有无过费，其数易稽，而珠玉宝玩之属，为价无定，均宜假托营私，请一律饬禁。倘有配入贡品者，论以违制之罪。”上谕：“著照所请。该部知道。”

乾隆四十八年正月，谕：御史秦清奏请严禁外省馈送，以清亏空一折，初看似谠言，细按之乃摭拾浮词，无指实之事。外省属员逢迎馈送，例禁本当严，而犯者，朕亦未尝姑息宽宥。近如陈辉祖贪纵营私，业已审明治罪。又何藉该御史之敷陈？如果有闻见，理应据实纠参，何得空言塞责，徒博献纳之名，而无实济乎？该御史既为此奏，意中必有所闻。除陈辉祖、国泰、王亶望之犯罪正法者，著将现在各省内馈送者何人，受馈者何人，亏空者又有何处，逐一据实指出，明白覆奏。朕不难严查重办，以示惩儆。若影射含糊，徒争口舌，此即明朝陋习，必当防其渐，而不可使启门户吓诈之端。”

据研究，乾隆中期以后，进贡几乎成了败坏吏治的最大公害。但终乾隆一朝，未能禁止督抚贡献。乾隆三年四月甲申，曾令三年之内，停止督抚贡献（惟织造、关差、盐差等进贡物件，向系动用公项制买，与百姓无涉，不在禁例），那恐怕只是一时性的。

◉ 于敏中像

上述案件还牵扯到了已故大学士于敏中。乾隆四十五年六月，于敏中之孙于德裕讦告堂叔于时和自于敏中殁后，挟制家产，于当年三月拥赀回籍。谕令查明于时和所占于敏中原籍家产，于查办中，判定于敏中巨额遗产“非得之以正者”，但仍欲保全其名节，谕示办案大臣：“大学士于敏中所遗财产，若生前营私不法之事已败露，即将伊正法，查抄入官。”《朝鲜李朝实录中的中国史料》亦载敏中家产值银二百万两，“皇帝大怒曰：‘朕任敏中数十年，知其为廉直，安得有许多赀？’命籍没其家产”。

御史钱沣曾称甘肃贪污大案“作俑由于藩司，而纵之使成者总督。非有王亶望，则蒋全迪、程栋等无所于逞；非勒尔锦，则虽有王亶望亦莫之能为，凡诸弊端实缘大吏负恩所致”。但在乾隆帝看来，其间于敏中罪过更大，乾隆四十七年十月谕：乾隆三十九年“该省覆奏请开捐，彼时大学士于敏中管理户部，即行议准，又以若准开捐，将来可省部拨之烦，巧词饰奏。朕误听其言，遂尔允行，至今引以为过。其时王亶望为藩司，恃有于敏中为之庇护，公然私收折色，将通省各属灾赈，历年捏开分数，以为侵冒监粮之地。设此时于敏中尚在，朕必重治其罪。姑念其宣力年久，且已身故，是以始终成全之，不忍追治其罪”。

此外还有一个大案，即郝硕案，也是乾隆帝在南巡途中偶然发现的。那是乾隆四十九年第六次南巡，在途经江西时，乾隆帝召见了江西巡抚郝硕。他在回答皇帝询问时，“于地方事务一无建白，其属员贤否，亦仅于询及时登答塞责，无所可否”。遂传谕两江总督萨载，令其对郝硕的业绩、操守进行调查。这一查，便查出郝硕勒派属员银数万两的严重问题。

据奏，郝硕前因进京陛见短少盘费，又因有应交海塘公项，屡次向各司道及各府州县等勒派银两。其各府厅州县“有因公在省者即自行呈送，有一府之中，或府或县一员在省，即回去告知所属各府州就现任人员视其力量，或缺分大小酌量分派，自数百两至千两不等，共计银三万零四百两。上年有应交浙省海塘银五万两，以力不能完，谕令首府黄良栋告知各府帮捐，嗣各府州县量力呈送，自数百两至一千两不等，共银三万八千五百两”，累计六万余两。

所谓“进京盘费”，无非为进贡及打点朝中权要；据萨载奏查封郝硕家产折称：“本年（1784 年）闰三月郝硕差弁郝得禄运送备进贡物内之檀香炕屏、挂屏、桌屏由水路北上。又闰三月内将金笔筒等金器约重一千二百余两，熔成金锭大小一百三十余个，除存留九十锭已查出，其余四十多锭，同从前销化金围屏之金锭大小一百个随带进京。此外，尚有珍珠手串一挂、金银首饰一匣（二三十两）、红圆宝石一件并金如意一枝，碧霞玺、珊瑚朝珠各一盘，又朝珠一盘、手串九挂、玉器五宗。又四月内曾差把总茹飞虎运送备进贡物内嵌玉如意、玉无量寿佛、玉瓶、玉盆、佛珠手串、伽南碧霞玺手串、伽南珊瑚朝珠、大呢雨缎洋缎等物，由旱路进京。”所谓“海塘公项”，即郝硕被罚交议罪银六万两以充塘工之用者。

郝硕勒索属下，正值国泰在山东勒索属下败露之后，是明知故犯，顶风作案，不仅反映出乾隆后期吏治败坏的严重，也揭示出督抚互劾以及御史风闻言事等弹劾功能的萎缩。在乾隆帝看来，郝硕对地方的治理比不上国泰，其对属下的勒索却与国泰相同，因而令其自尽也算是从宽发落了。

王亶望案、国泰案、陈辉祖案、郝硕案，构成了乾隆后期乾隆帝常常谈起的几个大案，也是乾隆一朝颇为严重的贪纵案件，它们已经不完全属于所谓“经济案件”，而是暴露出背后存在的一些深层次的问题。

贰拾叁

查缴禁书

正当西南硝烟弥漫之际，乾隆三十七年正月，乾隆帝忽然下令搜辑古今群书。谕：“朕稽古右文，是以御极之初即诏中外搜访遗书，并命儒臣校勘十三经、二十一史，复开馆纂修《纲目》三编、《通鉴辑览》及《三通》诸书。第念书籍搜罗益广则研讨愈精，如康熙年间所修《图书集成》全部，兼收并录，极方策之大观。唯因类取裁，不能悉载全文。古今来著作之手，无虑数千百家，或逸在名山，未登柱史。正宜及时采集，汇送京师，以彰千古同文之盛。其令直省督抚、会同学政等，通饬所属，加意购访。”

搜集的范围，除坊肆所售举业时文，及民间无用之族谱、尺牍、屏幛、寿言，及酬唱诗文，琐碎无当者，均无庸采取外，“其历代流传旧书，内有阐明性学治法，关系世道人心者，或发挥传注，考核典章，旁暨九流百家之言，有裨实用者，又如历代名人，洎本朝士林宿望，向有诗文专集，及近时沉潜经史，原本风雅，如顾栋高、陈祖范、任启运、沈德潜辈，均应概行查明。在坊肆者或量为给价，家藏者或官为装印，其有未经镌刊，只系钞本存留者，不妨缮录副本，仍将原书给还。先将各书叙列目录。注系某朝某人所著，书中要指何在，简明开载。具折奏闻。庶几副在石渠，用储乙览，从此四库七略，益昭美备，称朕意焉”。其重心则在性理、经世，及近时兴起的考据学，等等。

所谓御极之初即诏中外搜访遗书，是指乾隆六年正月，命各省督抚学政采访遗编。谕：“从古右文之治，务访遗编。近世以来，著述日繁，如元明诸贤以及国朝儒学，研究六经，阐明性理，潜心正学，醇粹无疵者，著直省督抚学政、留心采访，不拘刻本钞本，随时进呈。”

迨乾隆三十七年，下诏数月，应者寥寥。乾隆三十九年八月谕军机大臣等：

“朕断不肯因访求遗籍，于书中寻摘瑕疵，及收藏之人，若仍前疑畏，不肯尽出所藏，将来或别露违碍之书，则是有意收存，其取戾转大。

“朕办事光明正大，各督抚皆所深知，岂尚不能见信于天下。乃各省进到书籍，不下万余种，并不见奏及稍有忌讳之书，岂有裒集如许遗书，竟无一违碍字迹之理？

“况明季末造野史者甚多，其间毁誉任意，传闻异词，必有诋触本朝之语，正当及此一番查办，尽营销毁。此等笔墨妄议之事，大率江浙两省居多，其江西、闽、粤、湖广亦或不免。著明白传谕，如有不应存留之书，即速交出，与收藏之人，并无干碍。

"朕凡事开诚布公，既经明白宣谕，岂肯复事吹求。若此次传谕之后，复有隐讳存留，则是有心藏匿伪妄之书，日后别经发觉，其罪转不能逭。"

访求遗书俨然变成了查缴禁书。

全国各地因编纂《四库全书》所查缴的禁书数量　　单位：部

省名	部数	省名	部数	省名	部数	省名	部数
江苏	63161	河南	5374	四川	1151	陕西	310
江西	27485	湖南	5162	山西	835	甘肃	304
浙江	14630	云南	2728	贵州	702	广东	289
安徽	14301	福建	1786	山东	679	附四库馆	325
湖北	10521	直隶	1537	广西	445	合计	151725

乾隆帝对危及清朝统治禁书的注意，可能从乾隆二十二年彭家屏家藏明末野史案就开始了。据说，当时他曾想搞几个震慑人心的大狱，让人们将私藏的明末清初野史自行烧毁。在审结彭案的谕旨中有这样一段话："彭家屏之败露，岂由嵬求而得者乎？此后臣民中若仍不知悔改消灭，天道自必不容，令其败露，亦惟随时治以应得之罪耳。"

但以后的实践表明，光靠臣民畏祸而自行烧毁家藏禁书并不能彻底解决问题，而要一劳永逸地消灭汉人中根深蒂固的反清意识，就只有把一切禁书统统烧毁，至少要加以删削、改篡。乾隆三十七年正月下诏"览辑古今群书"，说得冠冕堂皇，十分动人，而骨子里已寓有借此查办禁书的深意。至乾隆三十九年八月，则明令查办以明末清初野史为重点的一切禁书。

然而，实际做起来又谈何容易？首先是各省督抚等地方官员不够重视，彼此观望，有的则怕稍有不慎，把自己也牵连进去。其次是藏书之家也因谕旨的口气温和，压力不大，因而迟迟不动。为排除种种障碍，皇帝从乾隆四十二年起连续制造了王锡侯《字贯》案、徐述夔《一柱楼诗》案等几起大狱，使全国，特别是江浙等文化发达地区很快陷入了人人自危的恐怖状态。

在王、徐两案的煽动下，挟仇诬陷的告讦之风甚炽，地方官吏一见检举旁人收藏逆书，便不分青红皂白立案严办。乾隆帝虽然纠正了某些荒谬已极的错案，但为不断加强政治高压，迫使人们迅速呈缴禁书，又在制造一个又一个新的文字狱作为加压的杠杆。这一时期大部分文字狱都是因查办禁书而起，其中多由恶棍挟嫌诬告或藏书人畏罪自首，因而文字狱在当时被称为“书祸”。

由此可见，文字狱作为查办禁书的组成部分，服务于这一政治运动的需要，具有强烈的政治色彩。这是乾隆朝第二个高峰时期的文字狱异于一般文字狱的独特之处。

在皇帝关于查缴禁书的严旨督催下，各省纷纷行动。一般都是先行“刊刷誊黄，遍贴晓谕”，造成声势，劝告藏书之家尽量呈交；继而又派出专人，或指定地方士绅、各学生监，深入民间详细察访。如江西省“传集地保，逐户传谕，无论全书、废卷，悉令呈缴，按书偿以倍价”。浙江则将候补教职人员分发原籍，因亲及友，清查禁书，并规定：“将来即以缴书多寡，为补用名次后先。”在各级官吏的威胁利诱下，全国各地先后缴出大量的违碍书籍。

这些书籍，先在各省进行初步甄别，由地方官员分门别类，开其缘由，缮写清单，具折奏进；然后把书籍逐一包封，连同版片一起，派员解缴军机处。此外，“四库全书馆”也对各省采进本进行反复审查，查出禁书亦交军机处。军机处收到这两条渠道解交的禁书，按韵编号，再交给翰林院官员，将书中“悖谬”之处逐条写成黄签，贴于书眉，或将应毁原因摘要开单呈进，经皇帝最后批准，即将书籍送到武英殿之字纸炉前，在军机处满、汉司员的监视下点火销毁。

随着查缴禁书活动的开展，查缴禁书的范围也日渐扩大。最初，所禁书籍不过是有“诋毁本朝之语”的“明季末造野史”和“国初伪妄诗文”。至乾隆四十二年《字贯》案发生后，禁书范围扩大到了当代人的著作。乾隆四十三年又将宋人谈抗金、明人谈反元时“议论偏谬尤甚”者也列入销毁之列。乾隆四十四年又先后扩大到某些地方志、戏曲剧本，以及“天文占验、妄言祸福之书”。在二十多年时间里，有三千余种、六七万卷以上的书籍遭到了禁毁，民间惧怕得咎而私自销毁的更无法数计。

乾隆朝（乾隆三十九年至乾隆四十六年）文字狱

年份	文字狱详情
乾隆三十九年	广东番禺人屈大均诗文多有触犯清廷忌讳处，前于雍正八年通谕销毁，至当年查办明末清初野史等违碍书籍，广东查出屈稔浈、屈昭泗收藏其族祖屈大均诗文，两广总督比照“大逆子孙及同居之人皆斩律”，拟斩立决。上谕：“朕办事光明正大，断不肯因访求遗籍罪及收藏之人。所有粤东查出屈大均悖逆诗文止须烧毁，毋庸查办。其收藏之屈稔浈、屈昭泗亦俱不必治罪。”又曰：“若经此番诚谕，仍不呈缴，则是有心藏匿伪妄之书，日后别经发觉，即不能复为轻宥矣。”

续表

年份	文字狱详情
乾隆四十年	检阅呈缴应毁书籍时，乾隆帝发现僧澹归所著《遍行堂集》系韶州知府汉军旗人高纲为之制序，谕："高纲身系汉军，且高其佩之子，世受国恩，乃见此等悖逆之书恬不为怪，匿不举首，转为制序募刻，其心实不可问。使其人尚在，必当立置重典。"查抄高纲之子高秉寓所，发现明朝人陈建所著《皇明实记》和江宁清笑生所撰《喜逢春传奇》。谕："近年来查办遗书，屡经降旨宣谕，凡缴出者概不究其已往。今高秉仍然匿不呈缴，自有应得之罪。"
乾隆四十二年	江西新昌人王锡侯，以《康熙字典》收字太多，难于穿贯，乃仿类书之式，按字样各归其类，编成一部新体例简明字典，名之《字贯》。县民王泷南检举其"删改《康熙字典》，与叛逆无异"。上谕："阅其进到之书，第一本序文后'凡例'竟有一篇将圣祖、世宗庙讳及朕御名字样悉行开列，深堪发指，此实大逆不法，为从来未有之事，罪不容诛，即应照大逆律问拟"，从宽改为斩决。江西巡抚海成因未看出《字贯》悖逆之处，拟斩监候，秋后处决，旋释放，发往乌什效力；江西布政使周克开、按察使冯廷丞皆以失察革职，交刑部治罪有差；两江总督高晋降一级留任
	湖南安化县民刘翱，自雍正年间即开始采录本省官吏婪索之事。又据故老传述，记录圣祖谕陈鹏年之旨及世宗继位，曾静和吕留良之狱等事，附有评论，编成《供状书》。至乾隆四十一年已八十余岁，闻听奉旨查缴禁书，心里推测："自必心疑士民议论"，就在《供状书》上添上了"自古国运接续之际，妄生议论者何代蔑有""是非之心，人皆有之，不得已之鸣，不揣狂妄，愿发部律拟重罪甘心"。乃持书赴湖南巡抚衙门禀呈，被照"妄布邪言为首斩决例"即行正法
	湖南临湘县民妇黎李氏因其夫被本乡监生黎大本欺凌，赴督抚两衙门呈控黎大本私刻《资孝集》，语多僭越。上谕："《资孝集》中众人所作诗文将伊母比之'姬姜太姒文母'，皆系迂谬不通之人妄行用古，与今年巴延三所奏举人王尔扬代人作墓碑率用'皇考'字样者，仿佛相似，并非狂悖不法，如王锡侯之显肆悖逆者可比，可毋庸深究。"
乾隆四十三年	江苏东台县举人徐述夔，曾拣选知县，著有《一柱楼诗》等诗文集十余种。沈德潜曾为之作传，称其"品行文章皆可法"。当年四月，徐述夔之孙徐食田得知监生蔡嘉树因赎田不允，欲首告其祖诗文违碍，立即抱书赴县自首，蔡亦到官检举。同时又有如皋县民童志磷赴江苏学政处呈出徐述夔已刊诗集。上谕："徐述夔身系举人，乃丧心病狂，敢于所作《一柱楼诗》内系怀胜国，暗肆诋讥，谬妄悖逆，实为罪大恶极，虽其人已死，将来定案时仍当剖棺戮尸，以申国法。至徐食田藏匿伊祖悖逆诗本，及被人告发，复敢贿嘱县书，捏称自首，其狡诈尤为可恶。"大学士九卿遵旨拟议：诗中"明朝期振翮，一举去清都"一句，显寓欲复兴明朝之意，应照大逆律将其锉碎其尸，枭首示众；其子徐怀祖刊刻逆书，亦应照大逆律戮尸枭示；徐食田藏匿其祖逆书，应照"大逆知情隐藏律"拟斩立决；江宁藩司陶易之幕友陆琰"有心消弭重案"，应照"故纵大逆律"拟斩立决；为其诗作跋之毛澄（即黄斌）杖一百、流三千里；东台知县涂跃龙玩延查办禁书，杖一百、徒三年；扬州知府谢启昆难辞怠玩之咎，应发往军台效力赎罪；沈德潜称誉逆犯徐述夔，应请旨将其官爵、加衔、谥典尽行革去，御制祭葬碑文一并仆毁，并撤出乡贤祠内牌位。前此江宁藩司陶易已照"故纵大逆律"拟斩，十一月瘐毙狱中
	江苏赣榆县廪生韦玉振为其亡父韦锡刊刻行述，称颂韦锡"于佃户之贫者赦不加息，并赦屡年积欠"。其叔韦昭赴县检举。奏闻，上谕："所办殊属过当""此后复有首告逆案之人，该督抚即应悉心研鞫，辨其真伪，如虚，仍当治以反坐之罪，据实具奏，使奸顽知警，不敢妄行"
	当年湖南查缴违碍各书，发现陶煊、张灿及陶汝鼐所著诗文集。上谕："陶汝鼐诗集虽有违悖语句，但其人系明季科目，在本朝未经出仕；陶煊、张灿将钱谦益、屈大均等诗选入，尚在未曾查禁以前，本人久已身故，其子孙亦无另行刊刻之事。此二案均非徐述夔一案可比，令将各项书籍一体行查销毁，其子孙加恩免其治罪。"

续表

年份	文字狱详情
乾隆四十四年	自各省奉谕查缴禁书，江西巡抚郝硕查出黎元宽及其子黎祖功所著文集中均有违碍之语，据情入奏。上谕："黎元宽系明季科目，本朝未经出仕。各项书籍悉行查毁。"
	各省奉谕收缴违碍禁书，江苏兴化县购得李驎所著《虬峰集》，两江总督、江西巡抚等检卧该书，以为不只序论俱有触碍，且有"杞人忧转切，翘首待重明""日有明兮，自东方兮，照八荒兮，民悦康兮，我思孔长兮，夜未央兮"等句，皆系"系怀胜国，望明复兴，显属狂悖"；又有"瞻拜墓前颜不愧，布袍宽袖浩然巾"之句，"尤属大逆不道"，请照大逆律锉碎其尸，枭首示众
	汉军镶红旗人黄检在山西按察使任内将其祖父、已故大学士黄廷桂雍正、乾隆间朱批奏折底稿汇辑刊刻，分送同官。为乾隆帝检阅犯官高朴家中抄出各种书籍时发现，所刊雍正帝朱批170余折，较之朱批谕旨已刊行者几多至两倍，而两相对照，字句亦多不符合。谕令将黄检交部严加议处，黄廷桂奏疏及板片一并缴毁。又通谕各省督抚："恐从前曾为大员之人其奏折奉有朱批者类此刊刻，亦未可定，即令其子孙将板片、书本一并缴出奏闻，送京查销。"
	湖北兴国州捐贡、候选训导冯王孙呈缴自著《五经简咏》二本，经湖广总督查核，"语多狂悖，并有不避庙讳之处"，据情入奏。上谕："今阅签出诗内各句，悖妄狂诞不可枚举，且有'复明削清'之语，并于庙讳全然不避，悖逆显然。"应照大逆凌迟缘坐律，狱具，冯王孙凌迟处死，传首本籍；其子从宽改斩监候，秋后处决；其妻、媳及孙等俱给付功臣之家为奴
	皇帝谒陵途中，高邑县民张九霄于御道旁跪献其师智天豹所著《本朝万年书》，即被拿获。其书内有"乾隆五十七年"一条，预见乾隆帝在位五十七年而止。上谕：智天豹"与诽谤毁斥者稍属有间"，从宽改为斩决；张九霄改为斩监候，秋后处决
	安徽天长县生员程树榴为其友王沅所作《爱竹轩诗稿》写序，又复出资刊刷，为生员王廷赞告发，称其序中有"造物者之心愈老而愈辣，斯所操之术乃愈出而愈巧"等悖逆之句，显系为王锡侯、徐述夔二逆犯一吐不平，讥诋皇帝。上谕："念其究未诋斥本朝及得罪于列祖列宗，尚不至如徐述夔之甚"，程树榴从宽斩决，故纵之天长知县高见龙及程树榴子程瑛从宽改为斩监候，秋后处决
乾隆四十五年	安徽和州戴移孝，著有《碧落后人诗集》，其子戴昆，著有《约亭遗集》。安徽巡抚以其"悖逆狂吠之处甚多"；内如"长明宁易得""短发支长恨""且去从人卜太平"等句，"亦属狂悖"；序文内有"怼君违亲""更属悖谬"，乃奏请查办。上谕："戴移孝、戴昆著戮尸示众，戴世道著即处斩，其缘坐之子孙著加恩改为应斩监候，秋后处决。"
	广西南平生员吴英在家密写策稿，内容有"请蠲免钱粮，添设义仓，革除盐商、盗案连坐、禁止种烟、裁减寺僧"等条。其第一条写道："圣上遵太后之遗命，命免各省税粮，其德非不弘也，但其恩未远，其泽未长。圣上有万斛之弘恩，贫民不能尽沾其升斗。"七月，携策书赴省，适逢藩司外出，吴英拦舆投递，请求代奏。随移解臬司衙门斥革收审。上谕："吴英著即凌迟处死，其子、弟等改斩监候，吴英妻、妾、媳及年未及岁之子、侄、孙等俱给付功臣之家为奴。"
乾隆四十六年	皇帝巡幸五台，至保定，尹嘉铨遣其子至行在为其父尹会一请求谥典。以"谥乃国家重典，岂可妄求"命其安分家居。及阅尹嘉铨另折，以其乞请将汤斌、范文程、李光地、顾八代、张伯行及其父尹会一从祀孔庙，随即抄出尹嘉铨所著各种书籍，签出书中种种悖逆之语，如自称"古稀老人"；称"朋党之说起而父师之教衰，君亦安能独尊于上哉"；称"大学士、协办大学士为相国"；说"不愿作台谏官，缄默不能自甘，尽言又恐不测"。上谕：著加恩免其凌迟之罪，改为处绞立决。其家属一并加恩免其缘坐

续表

年份	文字狱详情
乾隆四十七年	浙江仁和县监生卓长龄所著诗集内有“楚衽乃知原尚左，剃头轻卸一层”“发短何堪簪，厌此头上帻”牢骚怨望之句。乾隆四十六年被控。上谕：卓长龄等犯“语意牢骚，词句违碍，但究系康熙初年之人，且物故已久”，加恩免其戮尸，其缘坐各犯一体宽免；正犯之孙卓天柱隐匿收藏禁书，殊干禁例，从宽改为斩监候，秋后处决；其余照该督所奏完结
乾隆四十八年	河南登封县生员李一与生员乔廷英互控，李一所作内有“天地糊涂，帝王师相无非糊涂”等语；乔廷英家存诗稿内亦有悖逆之句，如“千秋臣子心，一朝日月天”及“志士终当营大业”，并存有应毁之书。河南巡抚据情入奏，请照大逆律将二人凌迟处死；李一之子、乔廷英之子、分居胞弟乔廷士俱应照律缘坐，拟斩立决；二犯之妻、儿媳及年未及岁之子孙照律给功臣之家为奴
	湖北黄陂县人胡元杰寄居河南固始县，训蒙糊口，因失馆穷愁，欲图讹诈，遂赴光州呈控商城县知县戴如煌所作《秋鹤近草》内隐存叛逆。光州知州察核诗句并无违碍，巡抚复加研鞫，胡元杰供称：“实只意图讹诈，恐所首事不重大，不能胁制官府，多得银两，因而丧心病狂，妄加注释。”以胡元杰借戴如煌诗句附会讲解，肆其逆悖，实属不法，请旨将其即行正法

贰拾肆

编书修书

在大力征求遗书的同时，清廷又先后组织学者进行了大规模的编修书籍、地图的活动。

乾隆朝政府编书，其特点一是种数多，卷帙浩瀚。据统计，乾隆帝一生主持纂修的书籍约在一百一十种、七千卷以上，这还不计入《四库全书》（否则总卷数将近十万）。这一数字，使得包括康熙帝在内的所有以修书而著称的帝王无不相形见绌。

一是门类齐全，内容丰富，经史子集，无所不有。其中经部书籍有《周易述义》《诗经折中》《周官义疏》《仪礼义疏》《礼记义疏》《春秋直解》等；小学书籍有《同文韵统》《叶韵汇辑》《音韵述微》《清文鉴》等；子部书籍中有关天文者有《仪象考成》《历象考成》，有关医学者有《医宗金鉴》，有关农学者有《授时通考》；集部书籍中有关书画者有《秘殿珠林》《石渠宝笈》，与古器、古钱币有关者有《西清古鉴》《西清研谱》《钱录》，有关诗词文章者有《唐宋文醇》《唐宋诗醇》《皇清文颖》等；至于史部书籍，更是琳琅满目，应有尽有。

一是讲究实用。修书有明确的目的和针对性，除所修经史各书皆为加强思想统治之外，其他所修各书，无不对人民衣食住行和提高社会文化知识有所裨益。

一是比较重视质量。各书纂修，大都宽以时日，一般不搞急就章。一书修成，往往历时多年。如《八旗满洲氏族通谱》《三礼传说》《音韵述微》《平定准噶尔方略》《热河志》等书，从决定纂修到全书告成，大多都在十几年以上。有些书籍在修成、刊印之后，还要订正错讹，补充史实，进行重修。据《高宗实录》记载，乾隆帝在位六十多年的时间里，各种书籍的纂修活动从未停止，一般情况下，每年都有几部书在同时纂修并有新书行世。

其中特别值得一提的是历史书籍的编修。据统计，乾隆一朝官修史书几乎占了所修书籍的半数左右。其中通史一类著作虽然为数不多，但却各具特色。如《通鉴辑览》《历代职官表》《古今储贰金鉴》即为通贯古今之作；《续三通》是对杜佑、郑樵、马端临等人著作的续修之作；《辽金元三史国语解》则是订正旧史讹误之作。

对于明朝史书的编修，因为它和清朝政治关系极大，皇帝更为重视。继《明史》刊行之后，又先后主持编修了《明纪纲目》《通鉴纲目续编》《明臣奏议》《胜朝殉节诸臣录》等书，不给私人以插足编修明史著作的余地。

黄河源图

同时，为了使各种官修明史能够在学术上站得住脚，还比较注意订正所修各书讹误和补充一些新的史料。如明季福王朱常洵的赐田，《明纪纲目》所载为四万顷，实为二万顷。

又如《明史·英宗本纪》记录正统十四年，英宗一日而杀两御史，却不著其获罪之由，又于“土木之役”条下不书王振事。对于这些明显疏略，令“将原本逐一考核添修”“重刊颁行，用昭传信”。

再如明末福王建号和唐王、桂王事迹以及李定国、白文选等人的抗清活动，以为福王南渡，“偏安之规模未失，不可遽以国亡书法绝之”；唐、桂二王“究为明室宗支，与异姓僭窃者不同”“且其始

末虽不足道，而奔窜事迹，亦多有可考”；那些死难人士则“各为其主，始终不屈”“较之宋末之文天祥、陆秀夫实相仿佛”。

因此《通鉴辑览》一书将明亡年限定于福王芜湖被执，并于该书中附记唐、桂二王事迹；所有抗清死难人士，皆当书为“某王之官某，不必斥之为伪”，并决定搜集他们的生平活动和抗清事迹，宣付刊行。

现代一些史学家认为，乾隆后期乃至皇帝本人最重要的一部政治和历史著作是《御批历代通鉴辑览》。这部卷帙浩繁的巨著完成于1768年，内容涵盖了从上古到乾隆朝四千五百五十九年的历史。非常值得注意的是，这部巨著附有前一个世纪曾在明朝灭亡后抗击清朝的南明小朝廷的历史。

对于本朝历史的编修，乾隆帝尤为重视。因前代诸史，皆在该朝灭亡之后由后世史官编修，历年久远，许多可信史料湮没失传，不得不凭借史料价值极不可靠的稗官野乘。有鉴于此，提出“何如及早裒集，免致闻见失真，传疑袭误”。因此乾隆帝早在即位之初，在循照先例开馆纂修《世宗实录》的同时，又决定征集有关资料，纂修雍正朝国史。

乾隆六年十二月，《世宗实录》首先告成。乾隆十四年十二月，包括雍正朝在内的五朝国史亦告完成。尔后，由于战争频繁，乾隆帝的注意力转向了方略的纂修，国史纂修活动一度中断。

乾隆三十年七月，重开国史馆，决定将大清开国以来王公大臣及在朝满、汉文武“内而卿贰以上，外而将军、督抚、提督以上，并宜综其生平实迹，各为列传”，开始纂修《满汉名臣传》《宗室王公功绩表传》《蒙古王公功绩表传》《贰臣传》等书。

由于文字狱迭兴，馆臣疑虑重重，含毫相向，迄无进展。开馆十七年间，“纂成进御之书，甚属寥寥”，皇帝极为不满，规定成书限期，要求国史馆将所修各书每二十日进呈一次。乾隆五十三年，进一步将国史编修期限延长到乾隆五十年，各军机处档案亦相应地向馆臣开放。

与此同时，为了使所修国史合乎要求，皇帝还亲自出马，对国史纂修中的一些难题拍板定音。如明、清之际降清的一些故明将领和士大夫为数甚多，如果因其身事两朝，概为削而不书，则不足以传信；如各为立传，并叙其功绩、封爵，则又与开国功臣无所区别。为了保存有关史料而又贯彻“彰善瘅恶”的修史原则，皇帝特命专立《贰臣传》。

后来，又因这些人物结局不一，有如李永芳、洪承畴等降清之后卓有劳绩，有如吴三桂、耿精忠、李建泰等降而复叛，如概入一编，仍然未昭公允。为此又决定于《贰臣传》外另立《逆臣传》，以记载降而复叛的吴三桂、耿精忠等人事迹。

另外，对于馆臣因怕触犯忌讳而不敢使用的一些史料，皇帝发现后，也要求补入所修各书。如康熙年间左都御史郭琇弹劾明珠、高士奇、王鸿绪原疏，极具史料价值，馆臣却以郭琇后来被康熙帝治罪而不敢使用。为此乾隆帝指令国史馆于王鸿绪传内补入该疏，“既可令海内传为美谈，且足令朝臣共知鉴戒”。又如南明史可法复睿亲王多尔衮书，是南明和清朝政权关系的重要文件，此前各史皆未记载。乾隆四十二年，皇帝于内阁册库中发现了这一文件，因命附于《宗室王公功绩表传》中睿亲王传后。

在皇帝的关心下，乾隆四十七年以后，国史修纂工作进展相当迅速，先后完成的书籍有《满汉名臣传》《宗室王公功绩表传》《蒙古王公功绩表传》《贰臣传》《回部王公表传》《台湾安南将弁官员列传》等，不但在当时为国史纂修奠定了一个基础，而且也为后人研究清史提供了丰富的资料。

纂修国史之外，还先后编修了大量的有关本朝历史的书籍。其中《平定金川方略》《平定准噶尔方略》《平定两金川方略》《平定廓尔喀纪略》记载了乾隆朝各次战争的经过；《临清纪略》《兰州纪略》《石峰堡纪略》《台湾纪略》等记载了镇压各次起事的经过。“清三通”、《大清会典》《大清会典则例》《大清通礼》《皇朝礼器图式》《满洲祭神祭天典礼》《国子监志》等书则将清初以来历代皇帝有关各种政务处理的谕旨集中起来，加以制度化，以便臣下遵行。

除此之外，为了反映大一统的政治局面和夸耀自己的文治武功，皇帝还主持纂修了《大清一统志》《皇舆西域图志》《皇清职贡图》《日下旧闻考》《盛京通志》《河源纪略》《南巡盛典》《庆典成案》等书，内容也涉及清朝政治、经济、军事、文化、地理、民族、宫廷、外交等诸多方面。

在乾隆朝编修的各种书籍中，影响最大的是《四库全书》。它不但包括上述官府和皇帝自撰、修编的书籍，还包括更多的民间历代所修书籍。

《四库全书》的纂修，肇始于乾隆三十七年正月皇帝征求天下遗

◉《四库全书》书影

书。最初，他只是企图扩大政府藏书，“以彰千古同文之盛”（也有查缴禁书的目的）。随即，怎样征集遗书和如何处理所征遗书的问题便提上议事日程。安徽学政朱筠首先提出了开馆校书的建议。其建议包括四项内容：

第一，征求遗书当以汉、唐以来，尤其是辽、宋、金、元四朝的文献价值较高而又传世甚稀的旧本、抄本为重点。

第二，由政府组织人力，先对内府藏书进行一次普查，并将其目录“宣示外廷”，以便各地献内府所未备者。在这条建议中，朱筠还特别提出，政府收藏的《永乐大典》是明以前各种著述之渊薮，其中多存“世不恒觏”之书。应由政府组织人员，“择其中古书完者若干部，分别缮写，各自为书”。

第三，建议政府充分吸收汉、隋、唐、宋以来历次整理文献的经验，不仅征求遗书，而且对其进行校勘，同时还应组织人员对所收书籍“或依《七略》，或准四部”，分门别类地“校其得失，撮举大旨，叙于本书卷首”。为此政府应建立专门机构，完成这项工作。

第四，在征求民间遗书时，应将采访范围进一步扩大，凡是具有文献价值的钟铭碑刻、金石图谱，都当在搜求范围之内。这些建议的总精神是要求政府对全部现存文献进行一次继汉、隋、唐、宋之后的总清理。

受朱筠建议启发，皇帝改变了单纯求书的初衷，决定编纂一部囊括古往今来一切主要著述的巨型丛书——《四库全书》。根据他的指示，乾隆三十八年二月，“四库全书馆”于翰林院正式成立，一个由政府组织的规模空前的编纂《四库全书》的活动便由此开始了。

根据皇帝的指示成立起来的“四库全书馆”机构庞大，大小负责官员多达三百六十人。其中的总裁官、副总裁官为总揽全馆事务的主要官员。因统筹全局，责任重大，故特设正总裁官十六员、副总裁官十员，皆分别从大学士、六部尚书、侍郎中简选。皇帝还特派自己的三个儿子皇六子永珞、皇八子永璇、皇十一子永理也充任总裁官。

总裁、副总裁之下，设总阅官十五人，总管阅定各书之事；总纂官三人，总理编书之事；总校官一人，总理校订之事；缮书处总校官四人，专掌抄书及总理校对脱误之事。上述每一机构之下，又设有具体办事官员多人，分管校勘、编纂、刊刻、装订、整理之事。此外，在全书纂修过程中，还以各种方式招收抄写誊录的书手、绘画的手工工人和刻字印刷的工匠四千余人。

四库全书馆各职中，总纂官、总校官及其下属各机构负责人是《四库全书》编纂过程中的关键，皇帝特别注意选拔知名的学者和在各方面有专深造诣的人充任上述各职。除由皇帝亲自任命当时的著名学者纪昀、陆锡熊为总纂官，陆费墀为总校官之外，还分别以大臣荐举、政府征辟等方式将一大批学识渊博而又年富力强的著名学者安排到纂修官和分校官等各个重要岗位上。如著名经学家戴震、校勘学家周永年、史学家邵晋涵即分别被任命为校勘《永乐大典》纂修官兼分校官；著名经学家姚鼐、翁方纲、朱筠则分别被任命为校办各省送到遗书纂修官。与此同时，其他一些著名学者程晋芳、任大椿、金榜、王念孙等人也都各据所长，在“四库全书馆”安排了相应的职务，并都成为《四库全书》纂修中的骨干力量。由于他们的辛勤劳动，使得《四库全书》在各方面都达到了较高的学术水平。

《四库全书》纂修中的书籍来源极为广泛，大致可分为政府固有藏书和各省所进遗书两大项。政府固有藏书包括自清初以来臣下遵照皇帝敕旨编修的敕撰本、内廷各藏书机构原藏的内府本和《永乐大典》中所辑的各种佚书；各省所进遗书包括各省督抚在此次求书中或从市场购买，或向藏书家借钞，送馆备用的各省采进本，各地藏书家因皇帝求书上谕曾经提及而不得不将家藏秘书献出的私人进献本，以及采自当时社会上流行的通行本。

《四库全书》藏书阁分布表

藏书阁名称	藏书阁地点	建阁时间	成书时间
文渊阁	北京故宫	乾隆四十年	乾隆四十六年
文溯阁	沈阳故宫	乾隆四十七年	乾隆四十七年
文源阁	北京圆明园	乾隆四十年	乾隆四十八年
文津阁	承德避暑山庄	乾隆三十九年	乾隆四十九年
文宗阁	江苏镇江	乾隆四十四年	乾隆五十二年
文汇阁	江苏扬州	乾隆四十五年	乾隆五十二年
文澜阁	浙江杭州	乾隆四十七年	乾隆五十二年

面对这些来源不同、版本不同而又为数浩繁的书籍，《四库全书》显然不能不予区别地悉加收录。为此，乾隆三十八年五月规定："所有进到各遗书，并交总裁等同《永乐大典》内现有各种详加校勘，分别刊、抄，择其中罕见之书，有益于世道人心者，寿之枣梨，以广流传；余则选派誊录，汇缮成编，陈之册府；其中有俚浅伪谬者，止存书名，汇为《总目》，以彰右文之盛。"

根据这些原则，在遗书到馆之日，便对每一种书籍之不同版本进行校勘，并就其作者、成书年代、内容异同、版本优劣进行考证，将考证成果以另纸粘于该书每卷之末。同时，还仿汉朝刘向、刘歆校书之旧例，为每书撰写提要一篇，于其中叙作者之时代、本人事迹以及内容得失等，并根据该书之价值，预拟出应刻、应抄、应存目三种意见，一并交总纂官审定修改；此后再由总裁官奏闻，候旨决定。

经皇帝同意后，其中价值寻常，或内容有与儒家经典相悖谬者仅入《四库全书总目》；其他应刊、应抄的两种书籍皆交缮书处，组织人员按既定规格进行抄录，录入《四库全书》。其中价值较高、世间罕传者，除缮写外，还由武英殿修书处以《武英殿聚珍版丛书》为名刊印行世，以广流传。

四库全书馆开馆之初，根据皇帝旨意，所编书籍不过是《四库全书》和《四库全书总目》二种。然而，随着修书计划愈益庞大，增纂书籍越来越多，于是决定增纂《四库全书荟要》，于《四库全书》中“撷其精华，缮为《荟要》”，两书互相补充，并行于世。该书于乾隆四十三年首先告成，共抄两部。

乾隆三十九年，皇帝又决定编修《四库全书简明目录》：“篇目不繁而检查较易，俾学者由书目而寻提要，由提要而得全书，嘉与海内之士，考镜源流。”该书于乾隆四十七年成书，为学者了解十八世纪以前各种主要著述的大致情况提供了方便。

乾隆四十一年九月，皇帝又特命将“所有诸书校订各签，并著该总裁等另为编次，与《总目提要》一体付聚珍版排列流传”，该书遂以《四库全书考证》为名行世。全书一百卷，对于学者校订各种古籍，有着一定的参考价值。

始修《四库全书》时，谕令将《四库全书》抄录四套，分别庋藏于紫禁城、圆明园、热河避暑山庄和盛京故宫四处。随着《四库全书》纂修活动的全面开展，为满足社会需要，乾隆四十二年八月，皇帝决定另缮一套副本贮于翰林院，“既可备耽书之人入署就阅，而传布词林，亦为玉堂增一佳话”。

乾隆四十七年七月，在北四阁四套《四库全书》陆续告竣之时，皇帝以江浙为“人文渊薮”之地，为了方便当地士子“就近观摩誊录”，又命再行缮写三套《四库全书》，分贮于扬州、镇江和杭州三地。因而扩大了《四库全书》的影响面，使其成为西汉以来政府组织的历次文化活动中最有意义的一次。

值得注意的是，《四库全书》对涉及西学的书籍收录颇丰，选取原则主要取决于其实用性，并增广博异闻之效。《四库全书总目》卷首凡例中写道：“外国之作，前史罕载，然既归王化，即属外臣，不必分疆绝界。”其中包括艾儒略《职方外纪》，南怀仁《坤舆图说》，徐日升与德理格合著的《律吕正义续编》，徐光启《农政全书》，熊三拔《泰西水法》《表度说》《简平仪说》，利玛窦《乾坤体义》，阳玛诺《天问略》，利玛窦口译徐光启笔录的《测量异同》《测量法义》《勾股义》《几何原本》，龙华民、汤若望等多人编撰的《新法算书》，戴进贤、刘松龄等多人著成的《御定仪象考成》，戴进贤、徐懋德及明安图等人所著《御定历象考成后编》，利玛窦口授、李之藻撰《圜容较义》《同文算指》，李之藻撰《浑盖通宪图说》，穆尼阁、薛凤《天步真原》《天学会通》，邓玉函《奇器图说》，王征《诸器图说》

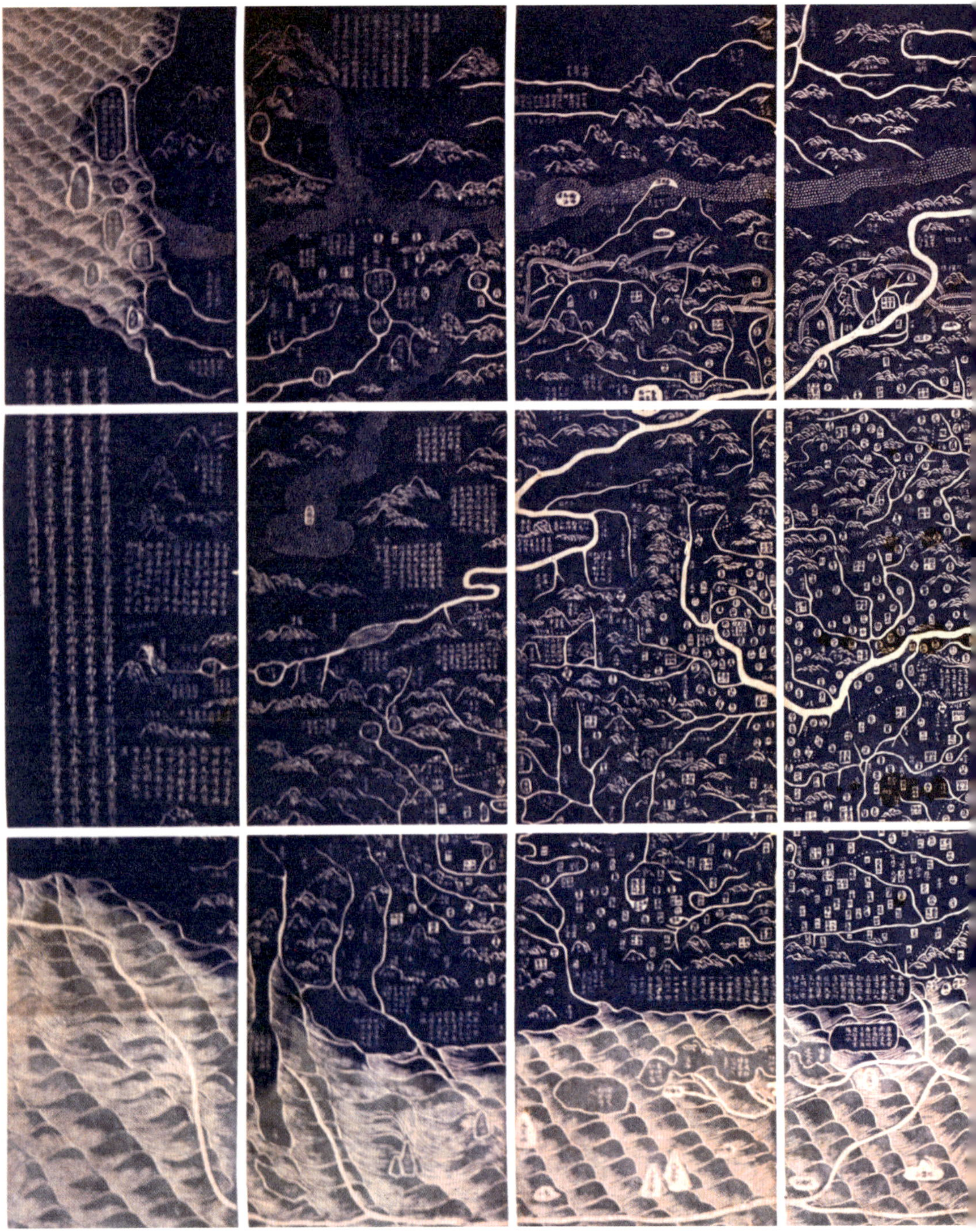

大清万年一统地理全图

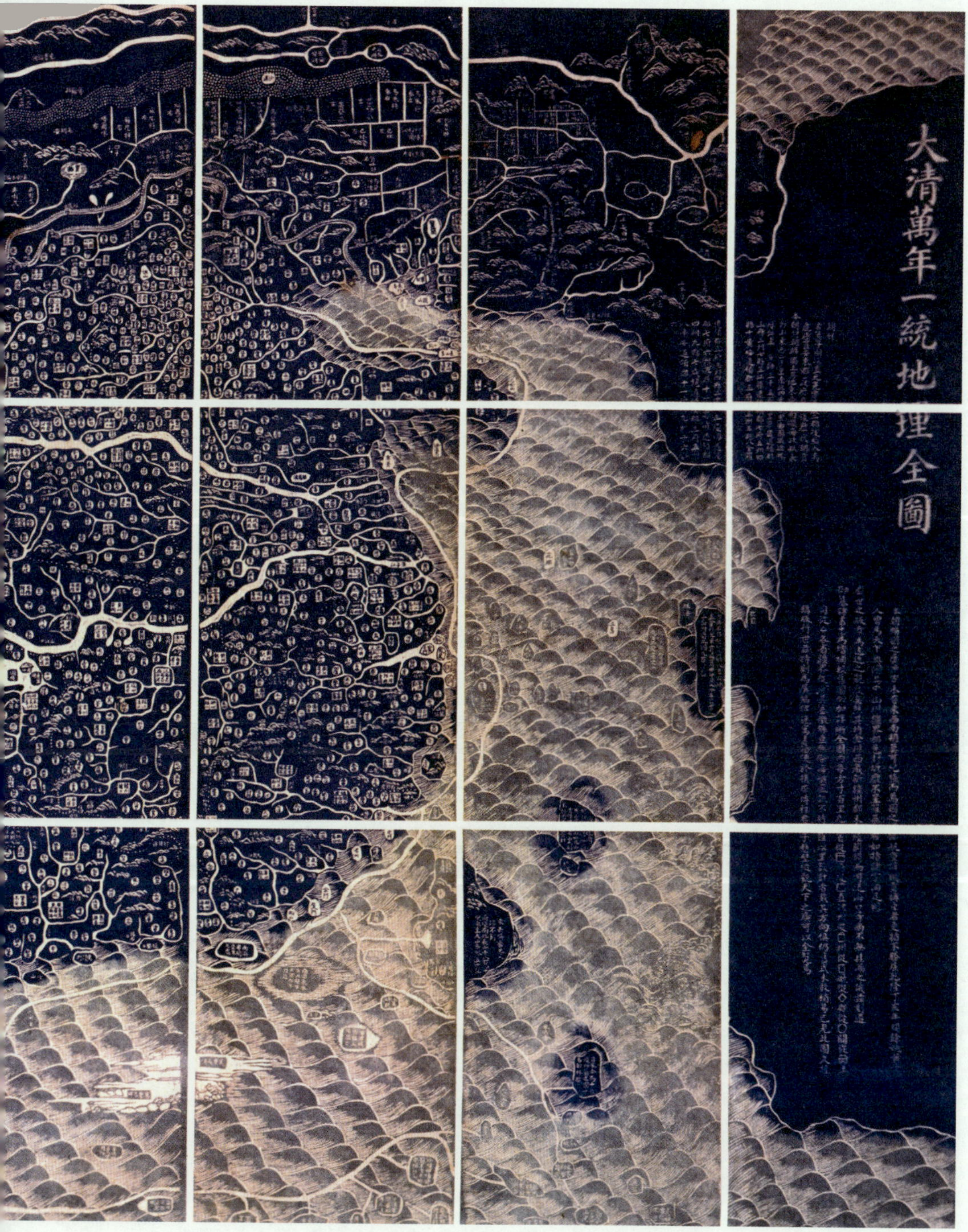
大清萬年一統地理全圖

等二十三种。

除了《四库全书》外，在《四库全书存目》里也收录了其他一些西方著作。比较而言，前者所收多为科学性质的书籍，如天文地理、数学测量等，后者则主要是宗教性书籍，如《七克》讲天主教的七宗原罪，《天主实义》《二十五言》《辨学遗牍》《畸人十篇》《灵言蠡勺》《空际格致》《寰有铨》等，均是宗教理论及神学方面的图书，明显地看出，清朝官方的态度是肯定西方的科学，反对西方的宗教。

《四库全书》编纂时期，正是清廷禁教之时，对天主教书籍以存目方式介绍的同时，也进行了严厉的批驳。《四库全书总目》批驳利玛窦《辨学遗牍》说："利玛窦力排释氏，故学佛者起而相争，利玛窦又反唇相诘，各持一悠谬荒唐之说，以校胜负于不可究诘之地。不知佛教可辟，非天主教所可辟；天主教可辟，又非佛教所可辟，均所谓同浴而讥裸裎耳。"

又批驳《二十五言》说："西洋人之入中国，自利玛窦始，西洋教法传中国，亦自此二十五条始，大旨多剽窃释氏，而文词尤拙。盖西方之教，唯有佛书，欧罗巴人取其意而变幻之，犹未能甚离其本。厥后既入中国，习见儒书，则因缘假借以文其说，乃渐至蔓延支离，不可究诘，自以为超出三教上矣。附存其目，庶可知彼教之初，所见不过如是也。"

对李之藻编《天学初函》评论道："西学所长在于测算，其短则在于崇奉天主以炫惑人心。所谓自天地之大以至蠕动之细，无一非天主所手造，悠谬姑不深辨，即欲人舍其父母而以天主为至亲，后其君长而以传天主之教者执国命，悖乱纲常，莫斯为甚，岂可行于中国者哉！”

甚至在对自然界的认识上，均不认同西学，《四库全书总目》评《空际格致》云：“西法以火气水土为四大元行，而以中国五行兼用金木为非……欲以强词夺之，乌可得乎？适成其妄而已矣。”

清廷在社会上禁止基督教的传播，在学术上对其教义、道理也做出多方面的批评，同时，对传教士传入的科学知识也越发采取批驳和抵触的态度。

清朝虽然否定西学根本上的合理性，但认为西方某些科学知识却甚为可取，尤其是对有利于国计民生的实用性科学多加以肯定。《四库全书总目》评利玛窦《乾坤体义》云：“是书上卷皆言天象，以人居寒暖为五带，与周髀七衡说略同。以七政恒星天为九重，与楚辞天问同。以水火土气为四大元行，则与佛经同。至以日、月、地影三者定薄蚀，以七曜地体为比例倍数，日月星出入有映蒙，则皆前人所未发。其多方罕譬，亦复委曲详明。下卷皆言算术，以边线、面积、平圆、椭圆互相容较，亦足以补古方田少广之所未及。虽篇帙无多，而其言皆验诸实测，其法皆具得变通，可谓词简而义赅者。”

在器械科学上，清廷亦十分推崇西洋之器。《四库全书总目》评王征《奇器图说》云：“制器之巧，实为甲于古今，寸有所长，自宜节取，且书中所载，皆裨益民生之具，其法至便，而其用至溥，录而存之，固未尝不可备一家之学也。”至于熊三拔撰写的水车制作程序，若“推而广之，足以利民生也”。

在地理书类，清廷认为艾儒略《职方外纪》一书颇有价值，有助于人们认识世界地理状况，书中言及五大洲各国之风土、民情、气候、名胜等，颇有兴味，并载有发现美洲之事。书前后附有万国舆图、北舆地图、南舆地图，足以纠正中国古人天圆地方之许多谬见。尽管四库总目认为它“所述多奇异不可究诘，似不免多所夸饰”，但仍存之以广其闻：“所纪皆绝域风土，为自古舆图所不载……前冠以万国全图，后附以四海总说”“天地之大，何所不有，录而存之，亦足以广异闻也”。余嘉锡《四库全书总目》称其“别白是非，旁通曲证，使瑕瑜不掩，淄渑以别，持比向、歆，殆无多让”。

贰拾伍

第六次南巡

按照原定的计划，乾隆帝模仿皇祖，一共要有六次南巡。但第六次南巡是在乾隆四十九年，乾隆帝已是七十四岁高龄。他也知道这是自己的最后一次南巡，今后不会再去了。想到他曾经是那样喜爱江浙之地，真不知此时他心里是什么感受。

第六次南巡最可记述的事情，可能就是浙江海塘了。

五次南巡之后，经过连续三年“采办石料，勘估建筑”，一条三千九百四十丈（一万三千一百三十三米）的石坝在乾隆四十八年七月已经竣工。现在，乾隆帝终于亲自视察了这条石塘。

从乾隆二十七年乾隆帝第一次亲临海宁视察海塘，到乾隆四十九年底范公塘石坝完工，一条数十里长的石塘矗立在惊涛骇浪中，就像一座海上长城屏藩着富饶的杭州湾平原。史学家孟森对此给予了高度的评价："持之二十余年不懈，竟于一朝亲告成功，享国之久，谋国之勤，此皆清世帝王可光史册之事。"

八月戊戌，就黄河漫口一事，上谕："贾鲁河一带，或择其土性稍坚之处，酌建石工一段，自更足资巩固。朕临御之初，部库帑银只有三千万两，现已积至七千余万两。前因浙省海塘，为民生捍卫，是以特发帑项，将柴土各塘，一律改建石工。今河工关系民生者更巨，苟有裨益，虽费帑金一二千万，亦非所靳。况修建石工数百丈，所费亦不至一二百万，又何所靳而不为耶？"

乾隆四十九年三月，乾隆帝在即将结束第六次南巡时，撰写了《南巡记》，把"南巡"和"西师"一起作为自己一生中最重要的两件大事：

"予临御五十年，凡举二大事，一曰西师，一曰南巡。西师之

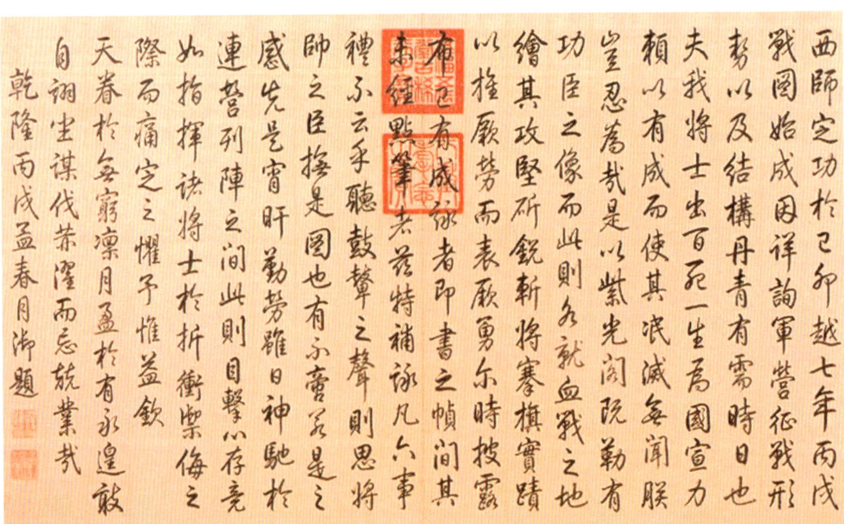

乾隆帝御题序·西师之功

事，所为宜速而莫迟者……若夫南巡之事，则所为宜迟而莫速者。我皇祖六度南巡，予藐躬敬以法之，兹六度之典幸成，亦不可以无言……

“盖南巡之典，始于十六年辛未，是即迟也。南巡之事莫大于河工，而辛未（乾隆十六年）、丁丑（乾隆二十二年）两度，不过敕河臣慎守修防，无多指示，亦所谓迟也。至于壬午（乾隆二十七年），始有定清口水志之谕。丙申（乾隆四十一年），乃有改迁陶庄河流之为。庚子（乾隆四十五年），遂有改筑浙江石塘之工。今甲辰（乾隆四十九年），更有接筑浙江石塘之谕。至于高堰之增卑易砖，徐州之接筑石堤并山（乾隆四十五年），无不筹度咨诹，得宜而后行。是皆迟之又迟，不敢欲速之为。”

但无论怎样，皇帝都未能到黄河工地做一视察，致为史家所讥。近世史家萧一山曰：“康熙南巡，为治黄河，而乾隆南服无事，徒以数千百万之库帑，反复于海宁石塘之兴筑，于益何有？乾隆时，黄河漫口于苏豫凡二十次，未闻弘历曾亲至其地，相度形势。乃幸苏杭，观海潮，铺陈辉张，循旧踵新，是知其意不在此而在彼也。”

《南巡记》中又说：

“（河工）一有疏虞，民命系焉，此而不慎可乎……若夫察吏安民、行庆施惠，群臣所颂以为亟美者，皆人君本分之应为……至于克己无欲，以身率先，千乘万骑，虽非扈跸所能减，而体大役众，俾皆循法而不扰民，亦极其难矣……敬告后人，以明予志。”

乾隆一朝的巡游，以南巡路程远、时间长、耗费多，对老百姓骚扰最大。萧一山说：“其铺张奢靡，所费较之康熙时代，迨十倍

清乾隆第六次南巡往返路线示意图

之。劳民伤财，消耗元气，影响所及，吏治民风，同归败坏。故当时臣工多谏诤者，如顾栋高引对时，应曰：'将来皇上还要南巡吗？'上默然；尹会一尝奏言：'上两次南巡，民间疾苦，怨声载道。'因坐戍。杭世骏亦曰：'巡幸所至，有司一意奉承，其流弊及于百姓。'上大怒，欲置之重典。"

据说，庚子时两宫西逃，至太原，住跸府署，一切供应，均系乾隆帝巡幸五台旧物，慈禧太后谓为宫中所未有。又据说初次南巡，曾在湖州城南开碧浪湖，大兴公役；会召问程景伊，对以湖州春季蚕忙，恐妨民事，立奉停止之诏。

对于南巡扰民的问题，乾隆帝在《知过论》中就已经承认：认为南巡无过，"实自欺也"。在《南巡记》中又告诫他的继承人，对南巡之事要慎重，扈从官兵须守法，地方大吏要奉公，江浙人民才能欢迎，"一有不如此，未可言南巡"。在其退位后，则对军机章京吴熊光说："朕临御六十年，并无失德。惟六次南巡，劳民伤财，实为作无益害有益。将来皇帝南巡，而汝不阻止，必无以对朕！"后来，吴熊光谏阻嘉庆帝南巡时，曾说出这一番话："仁圣之所悔，言犹在耳。"《清史稿·吴熊光传》曰："同列皆震悚，壮其敢言。"

贰拾陆

并未绝迹的文字狱

乾隆朝文字狱的第二个高峰，出现在乾隆四十二年至乾隆四十八年。在这短短的七年间，见于记载的文字狱多达五十多起。这是清代文字狱，乃至中国古代文字狱的空前高峰。

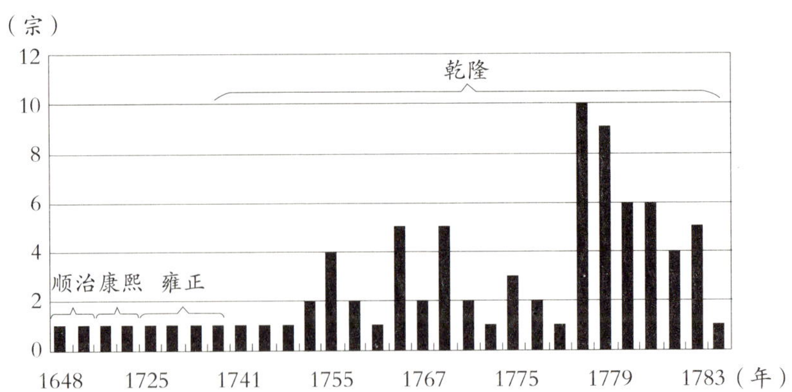

清代顺治、康熙、雍正、乾隆四朝影响较大的文字狱统计图

此期文字狱激增的直接原因，是在全国雷厉风行开展的查办禁书运动。查办、销毁某一种或几种所谓禁书，从清初就时有发生，但开动整个国家机器，历时近二十年之久，必欲将一切旧刻新编的禁书搜缴销毁净尽，则是乾隆朝的独创。而且，这一目的竟是大体实现了。

乾隆四十八年以后，文字狱显著减少。乾隆五十五年查办《奈何吟》一案，就成了乾隆朝文字狱的绝响。从乾隆四十四年前后文字狱巅峰到乾隆四十八年后文字狱剧减，其直接原因可能是乾隆帝认为违禁书籍业已搜剔殆尽，政策上已没有利用文字狱来催迫人们呈缴禁书的必要了。

以查办禁书的重点地区之一浙江为例，乾隆三十九年以来，前后奏缴禁书二十四次，共计缴书五百三十八种、一万三千八百六十二部，乾隆四十九年七月最后一次奏缴后，三四年间再未呈缴过一部禁书。

在呈缴禁书日渐减少的情况下，皇帝从乾隆四十七年开始有意纠正了几起文字狱错案，并借此一再申明："朕凡事不为已甚，岂于语言文字反过于推求，各省督抚尤当仰体朕意，将此通谕天下知之。"这无异于告诉大家，朝廷已无意再搞文字狱了。

但偏偏还有个把督抚不能"仰体朕意"，所以乾隆五十年七月又通过查办刘遇奇《慎余堂集》案告诫各省督抚：江西巡抚舒常查办此书，乃属"办理失当，滋扰闾阎，于吏治民生大有关系"。善于窥测意旨的督抚大员们感到风向已确实无误地转变了，查办禁书的劲头随之松懈下来，文字狱也就大大减少了。

另一方面，乾隆朝末期文字狱逐渐减少以至绝迹，从根本上讲，可能也是清朝统治效能的下降所致。嘉庆初年，留心前朝治乱兴衰的洪亮吉指出，乾隆五十五年是乾隆朝政治的一个转折点，说："自乾隆五十五年以后，权私蒙蔽，事事不得其平者不知凡几也。"这一年乾隆帝已年逾八旬，虽然常夸耀自己"精神强固""办事精勤"，实际上是奸佞和珅弄权，许多人称之为"二皇帝"，皇帝总揽全局、统驭政治的能力已今非昔比。查办《奈何吟》一案不了了之，即颇具讽刺意味，繁花似锦、烈火烹油的乾隆盛世已无可奈何花落去了。

事情也可能不仅如此。从后世看来，清朝查禁违禁书籍还是很有效率的，以致我们今天几乎看不到任何时人批评乾隆朝政治的文字。

乾隆朝（乾隆四十九年至乾隆五十五年）文字狱

年份	文字狱详情
乾隆四十九年	浙江江山县生员毛德聪赴县首告在郑涛家教书之吴文世造逆书《云氏草》一部，其义盖取"云从龙"之意，内云："君令臣且逆，父令子且逆，官长之令庶民且逆"；又有"驳柳子厚封建论"一篇云："自秦怯封建，建郡县，以至于今，上果贤乎？下果不肖乎？圣贤皆用乎？"追拘捉人犯来省研鞫，俱称并无其书。谕令江山知县王昭麟及典史姚承华俱革职
乾隆五十年	江西庐陵县生员郭榜呈控该县修纂志书，不应将顺治年间进士刘遇奇入志，并将刘所作文集呈首。上谕："朕将其书详加披阅，其签出之处如'对明月而为良友，吸清风而为醉侯'。'清风''明月'乃词人引用成语，此而目为悖妄，则欲将'清''明'二字避而不用，有是理乎？至其余签出各处，俱系庙讳及朕御名未经避写，无论刘遇奇系顺治年间进士，其人身故已久，安能预知敬避？即现在乡曲愚民，其不知庙讳者甚多，岂能家喻户晓？即偶有未经避写，亦无足深责。此而指为语句狂谬，将其子孙治以悖逆之罪，则将来挟嫌告讦之徒势必吹毛求疵，谬加指摘，使人何所措手足耶？"又谕：外间著有诗文"若并非有心违悖，不过字句微疵，朕从不肯有意吹求"，命将此旨再行明白宣谕
	湖南桑植县人郭大至妄撰公状序文，代宣《圣谕广训》，于学政按试时，将稿本呈恳转奏。随咨会巡抚究办，以其"语多狂悖"，照大逆律凌迟处死

续表

年份	文字狱详情
乾隆 五十一年	安徽滁州生员骆愉客寓江苏扬州，向盐政呈递书策，条陈盐务积弊，内有“戊戌（四十三年）春间，由兵部驿递传赐总商江广达宫妃”“扬州城内众口喧传”。乾隆帝命传旨两江彻查。两江督抚、盐政等以经查毫无影响覆奏，军机大臣亦审得骆因索诈而造言生事。上谕：“该犯妄造逆词，核其情罪，即律以大逆缘坐亦不为过。姑念究系愚妄所致，只须罪及其身，不必将伊家属缘坐。”后骆愉被凌迟处死。其家属仍行缘坐，给功臣之家为奴，嘉庆四年遵旨开释
乾隆 五十三年	湖南耒阳县生员贺世盛因科名未遂，常怀愤懑，当年六月以“代人作词”被拿，随于其寓所中搜出尚未完稿之《笃国策》抄本。策稿中称“捐路终为财动，有妨正途”等，意欲于书成之后赴京进献，图赏官职。上谕：“该犯究因失志场屋，贫苦无聊，摭拾传闻，私自抄写，借以抒其抑郁，与显肆悖逆者尚属有间。”贺世盛从宽改为斩决，其名下应行缘坐各犯俱著加恩宽免，概予省释
乾隆 五十四年	闰五月皇帝巡幸木兰，在密云途次，有四川太平县人马攀凤叩阍，呈献其父马旻清所作《策论》。其中语多颂扬，唯有控告太平等州县官创造连枷木笼、非刑枉毙人命等条。四川总督奏称川省确有连枷木笼等非法刑县。此案由于马旻清长期未获，最后不了了之
乾隆 五十五年	江苏沭阳县民张怀路呈告监生仲见龙之祖仲绳所著书词多狂悖。上谕：“朕将所著《奈何吟》一书详加披阅，虽不至吕留良、徐述夔之狂吠，显肆悖逆，但其诗词内如‘举世尽成狐假虎’及‘石渠天禄，酿成祸种’等句，甚属谬妄”，命从严惩办。次年两江总督审明仲绳系明末清初人，其牢骚怨望之处，系为崇祯、弘光而发。上谕：“仲绳诗词谬妄，系指明季而言，更不值代胜国追究，将其裔孙治罪也。”并治诬告、唆讼者之罪

贰拾柒

乾嘉学派

乾隆帝本人偏好考据，重视经学，长期以来，对这一类学术活动给予了提倡。正是在他的支持之下，整理、考据古典文献的学术活动在乾隆朝进入高潮，并形成了著名的乾嘉学派。

据说，皇帝所以对考据学者表示重视，肇源于他对程朱理学和理学名臣的厌弃。清朝初年，清廷即将程朱理学确定为官方哲理；同时，对于理学名臣，也不次擢用，优宠备至。在这样的环境下出生的乾隆帝，从其幼年开始，即接受了比较系统的理学教育。因此，相当长的时间内，他对理学笃信甚诚，习诵不辍。

乾隆帝曾说："朕自幼读书，研究义理，至今《朱子全书》未尝释手……有宋周、程、张、朱子，于天人性命、大本大原之所在与夫用功节目之详，得孔孟之心传，而于理欲、公私、义利之界辩之至明。循之则为君子，悖之则为小人。为国家者，由之则治，失之则乱，实有裨于化民成俗、修己治人之要，所谓入圣之阶梯、求道之涂辙也。”但随着时间的推移，理学名臣和程朱理学中的一些内容先后成为皇权进一步加强的绊脚石。这样，在经过百年之久的全盛时期后，理学名臣和程朱理学都遭到了冷遇。

乾隆初年，最高统治集团主要是由标榜理学的雍正旧臣所组成。然而，久而久之，皇帝感到，“讲学之人，有诚有伪，诚者不可多得，而伪者托于道德性命之说，欺世盗名，渐启标榜门户之害”。这样，不少廷臣因为涉嫌党争和标榜理学，先后遭到了皇帝的斥逐和疏远。

皇帝整治朋党之初，尚将程朱理学与理学名臣分而视之。在他看来，虽然理学名臣“有诚有伪”，但程朱理学却完全正确。“经术之精微，必得宋儒参考而阐发之，然后圣人之微言大义，如揭日月而行也。”然而，随着皇帝对宋儒诸书了解的日益全面，他发现，程朱理学对儒家经典的一些解释和一些程朱理学著作中所阐发的思想，并不利于清朝统治的巩固和加强。

为此，继惩治朋党之后，皇帝对程朱理学的态度也发生了变化。如乾隆十九年四月，他在殿试试题中即提出了道学流行后“大道愈晦”的看法。乾隆二十三年，又对胡安国生当宋、金对峙之际，传释《春秋》，多以“复仇”立说，进行了公开的批评，并发出了“曲说之离经，甚于曲学之泥经”的感慨。

后来，干脆又在科举考试中废弃胡安国的《春秋传》：“嗣后《春秋》题，俱以《左传》本事为文，参用《公羊》《谷梁》。”对于朱熹的《名臣言行录》一书，虽然以其为朱熹所作，不能显加指斥，但当发现已致仕的大理寺卿尹嘉铨步其后尘著《本朝名臣言行录》时，皇帝即刻大发雷霆，掀起大狱。

与此同时，皇帝对各起批评理学著作的文字狱案件的处理却明显放宽。乾隆二十年以后，文字狱进入了高潮，但是对于批评程朱的著作，却网开一面，很少予以处理，有时还对借此兴狱的官员严厉呵斥。所有这些，都表明了皇帝对于程朱理学的热情显著下降。由于失去了最高统治者的支持，程朱理学的黄金时期一去不复返，不可避免地进入了它的衰落阶段。

在程朱理学遭到皇帝冷遇的同时，皇帝却对于当时以整理和考据古典文献为业的一些学者，表现出异乎寻常的热情。其中首先引起皇帝关注的，是乾嘉学派的著名先驱、无锡学者顾栋高。顾栋高是康熙年间进士，雍正初年以建言放归，从此绝意仕进，研治经史。他以和理学家完全不同的方法研究《春秋》，将二百四十二年的春秋时事分门别类，排列成表，著为《春秋大事表》一书，不但推动了《春秋》一书研究的深入，而且对于宋儒的《春秋》义例也是一个有力的批判。为了表彰他在经学研究中的突出贡献，乾隆帝特授其为国子监司业，“以为绩学之劝”。尔后，钱大昕、江永、戴震、杨昌霖等许多著名学者也先后引起了皇帝的注意，或者指定官员搜求其生平著作，或者由布衣特授官职。

皇帝所以对这些学者如此重视，既有政治上的考虑，又有学术上的原因。就学术原因而言，经过两千多年的发展，中国古典文献的积累达到了空前众多的地步。其中讹脱衍误、亡佚残损的现象极为严重，亟需对其进行一番系统的清理和总结。乾隆时期，国家富

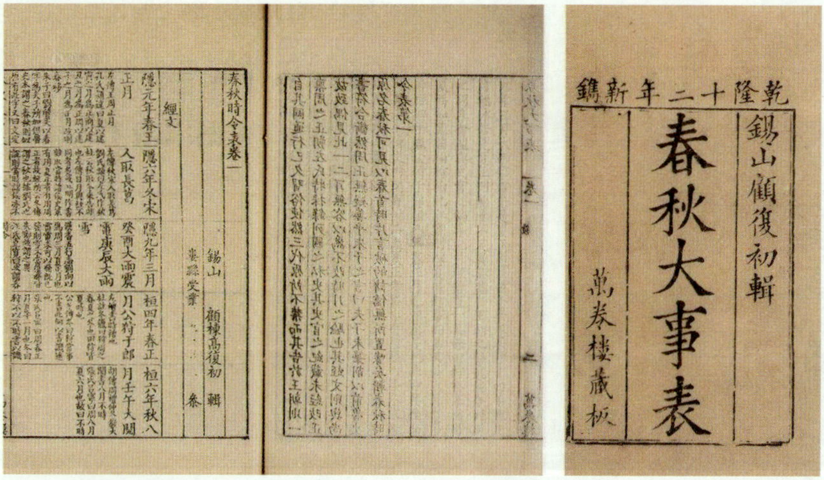

◉《春秋大事表》书影

庶，社会安定，这一时机逐渐成熟。正是基于上述诸多原因，这些学者才由所谓在野派转化成为当权派，在学术上由原来各自为战的散兵游勇发展成为一个极有影响的学术派别——乾嘉学派。

为了促成这些学者政治地位的转化和学术研究活动的开展，皇帝运用了科举考试这个杠杆。在此之前，各种层次的科举考试理学气味极浓，对于以整理和考据古典文献为业的学者来说，登上仕途极为不易。

为了扭转这种情况，乾隆十年，皇帝开始在殿试时务策环节加上了经、史方面的内容。随着时间的推移，这一部分试题的比重愈来愈大。如乾隆十年殿试题云：“五、六、七、九、十一、十三之经，其名何昉，其分何代，其藏何人，其出何地，其献何人，传之者有几家，用以取士者有几代，得缕晰而历数欤？”

乾隆三十一年殿试试题云：“《易》传三义，《书》分六体，《诗》

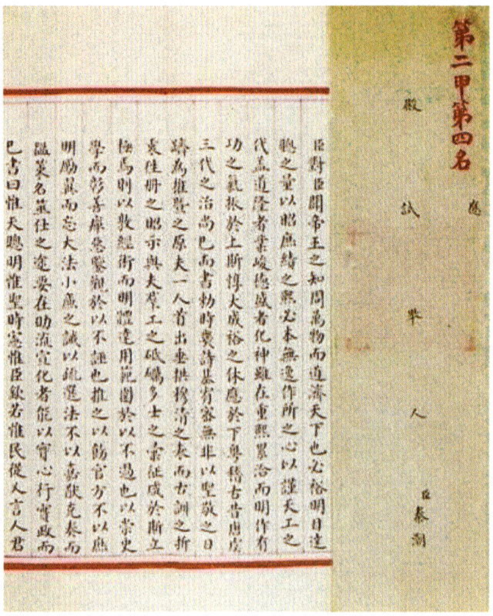

清代殿试试卷

有三作，《春秋》有五始，《戴记》多后儒之所增，《周礼》以《冬官》为散见，其说可胪举欤？”

乾隆五十四年殿试试题云：“《诗》三百十一篇名见《礼》及《左传》者凡几？十五国风或谓斟酌序次，或谓以两相比，语出何氏？”都是就经部文献所出之题。

这些题目，对于研经治史的学者来说并不为难；然而对于不读经史而又高谈理气、性命的理学家和只会使用“且夫”“尝谓”之类的词眼写作八股的文人来说，则很难入彀。

还值得注意的是，在历次殿试中，乾隆帝很少就理学出题，偶尔出上一道半道，也不限定答案，而是鼓励士子自由思考，特别是启发人们从反面思考。如乾隆十九年殿试试题即云：“自宋诸儒出，于是有道学之称。然其时尊德性、道问学，已讥其分涂，而标榜名目、随声附和者，遂藉以为立名之地，而大道愈晦。今欲使先圣先贤之微言大义昭如日星，学者宜何所致力欤？”

就是通过这样的方法，朝廷将一大批经史研究有成的学者提拔上来。举其要者有：庄存与（乾隆十年），卢文弨（乾隆十七年），王鸣盛、钱大昕、纪昀、朱筠、王昶（乾隆十九年），毕沅（乾隆二十五年），赵翼（乾隆二十六年），陆费墀（乾隆三十一年），任大椿（乾隆三十四年），邵晋涵、孔广森、程晋芳、孔继涵（乾隆三十六年），王念孙、戴震（乾隆四十年），武亿（乾隆四十五年），孙星衍（乾隆五十二年），洪亮吉、阮元、凌廷堪（乾隆五十五年），潘世恩（乾隆五十八年）等数十人。

据统计，从乾隆十年始至乾隆六十年止，二十三次会试中，所取进士四千余人，中举者不计其数，都一一安排了官职，其中一些人如纪昀、王昶、毕沅、阮元等还仕宦显达，内列卿贰，外任督抚，成为乾嘉学派的领袖，不但对官吏队伍进行了一番更新，而且还造就了一代学风。

在科举考试的带动下，不少学者竞相将自己研习经史所得汇为文集刊刻行世，由书肆大量发行，以供士子准备科举考试时观摩之用。与此相反，宋儒“濂洛关闽之书”因与科举考试无关，士子纷纷将之“束之高阁，无读之者”，以至书贾为怕蚀本起见，所有理学著作竟不敢刻印发卖了。

科举考试之外，朝廷组织频繁的修书活动，也对乾嘉学派学术研究活动的开展起了很大的促进作用。乾隆一朝，官修图书数量众多，涉及范围也极其宽广。每次修书，都要动员中央政府中相当一批官员（京官）参与其役。尤其是在《四库全书》纂修期间，中央政府中的文职官员更是几乎全体出动；兼之以该书内容浩瀚，经、史、子、集四部俱全，研究程序完备，遍及目录、版本、校勘、辨伪、辑佚、考据等整理古典文献技能的所有方面。

因而，这一活动的进行，不但对入选馆臣来说是一次极好的训练，而且在整个学术界也产生了极其广泛的影响。不少学者即在参修《四库全书》的基础上，退而著述，以成名家；也有相当一批学者虽未参修《四库全书》，但是受其影响，也在古典文献的研究和整理方面取得了突出的成就。这样，清初以来整理、考据古典文献的涓涓细流，终于发展成为一个影响极大的学术流派。

在皇帝的扶持下，经过乾隆初年以后三四十年的发展，乾隆后期，学术界整理、考据古典文献的活动进入了高潮。上自名公巨儒，下逮博士学究，无不涉及考据之领域，整个学术界人才辈出，硕果累累，呈现出一片繁荣景象。

就经学研究而言，许多学者将平生研究所得撰成各经新注、新疏，从而在很大程度上打破了几百年来程朱理学对经学研究的垄断；与此同时，不少学者为了探求儒家经典原义，或上探汉、晋经师旧说，或精研文字、音韵、训诂。这些活动，不但使亡佚已久的汉代以来的解经文献得到了一番普遍的发掘和整理，而且也在很大程度上推动了小学研究的深入发展。

就史学研究而言，除少数学者对一些旧史进行改修之外，绝大多数学者都集中精力，致力于历代正史表志阙略部分的补修和对古代史实的考据。在补志活动中，有学者以一人之力而兼补数种表志，也有数位学者在不同地点共补一表一志，各有千秋。经由这些学者的努力，使得各代正史所阙表志大抵都有了一种或数种补修之作。

至于考史，更是乾嘉学派学者学术活动的热门，几乎所有的学者都程度不同地参加过这一活动，其中有的学者专攻一史，有的学者兼及数史甚至通考全史。其中最负盛名的是王鸣盛的《十七史商榷》、钱大昕的《廿二史考异》和赵翼的《廿二史札记》。三书之外，专考一代史实之书更是不胜枚举，散见于笔记、文集中的零金碎羽式的考史之作，更俯拾皆是。

与此同时，由于整理古典文献活动的空前普及和发展，许多学者还专门致力于目录、版本、校勘、辨伪、辑佚等方面的研究，并各有质量甚高的专书问世，因而，各种整理古典文献的技能也都有很大提高，并各自发展成为专学而独立于学术之林。所有这些，都是乾嘉学派对中国古代文化发展做出的重要贡献。朝廷扶持乾嘉学派以繁荣发展文化事业的活动获得了巨大的成功。

钱大昕像

虽然皇帝对乾嘉学派的扶持，对于当时学术研究的繁荣发展做出了重要的贡献，但是也需指出，乾嘉学派的学术研究活动只是一种畸形的学术研究活动，其研究内容严重脱离社会实际，和民生利病毫无关系，亦为时人所诟病。

当然，上述说法有意无意地忽略了两点：一是考据学的兴起与清廷的政治压迫有关；一是其中存在着“内在理路”与宋明以来学术发展的脉络有关。其实，仔细考察即可发现，这几种说法可能并不是矛盾的。

学界一直存在一种认识的偏差，以为清朝十八世纪的思想学术界，舍“考据学派”，其余（包括“理学”）就无足道也。其原因之一，即在考据学接近于所谓现代科学方法，因而备受二十世纪学人的推崇。其实，“考据”只是读书注书的一种方法，与儒家的主要目标“修齐”“治平”皆存在一定的距离；就此而言，它只是一种“小学”而已。其“研究方法”中更存在很多问题，还造成了“疑古”“批古”的效果。

实际上，无论“理学”“考据”，都属于“经学”，都是从“经学”的视角说话。而“经学”虽为“儒学”的重要内容之一，却绝非等同于儒学，亦非儒学全部。自先秦以来，儒家所说“通经”，乃为“致用”，绝非仅为“通经”而“通经”，为“读书”而“读书”。《大学》曾提出格物、致知、诚意、正心、修身、齐家、治国、平天下八条目，虽说“壹是皆以修身为本”，最终的目的还是要落实在“治国”“平天下”之上。这表现了他们对社会群体的关怀，也指明了人生努力的方向。

钱穆认为，“中国学术传统侧重在人文界，必求落实于人生实际事务上，我姑举大学三纲领八条目来说。讲到人生实际问题，实跳不出大学所提出的修身、齐家、治国和平天下之范围之外”，又提出中国学术可以分为两大纲：心性之学和治平之学，这两大纲交相为用，可分而不可分。

于此立定脚跟，由内而外，超越宋明，回到先秦儒家，意图建立一个完整的思想体系的，正是清代“经世学派”的志向。他们也正是在十八世纪，特别是乾隆初年有着上佳的表现（集中表现在其后成书的《切问斋文钞》和《皇朝经世文编》里）。

不错，出于一般知识分子对“考据”的推崇（甚至以为考据才是真学问），乾隆帝本人也无例外地醉心于考据活动，这里既有他个人的爱好，也有一部分是出于一些实际政治的考虑。如儒家经书需要考据功夫，来发掘它的真义。这不仅仅是务虚的，也有务实的一面（如乾隆初年制订“礼乐”的需要）。但要说乾隆帝以考据为最高学术，恐怕就太小看他了。

关于乾隆帝的考据功夫，可以参见《御制说经文》之“国风正譌”（庚寅），“读史记儒林传”（己亥），“读邶风匏有苦叶第二章”（庚辰），“泾清渭浊纪实”（庚戌），“复古说”（壬子），“像设说”，“圭帽说”，“搢圭说”，“麋角解说”（丁亥），“读礼记文王世子篇”（戊戌），“三老五更说”（戊戌），“三老记”（甲辰），等等。这只是其中的一小部分，显然，在这一方面，他是清代皇帝中最突出的一个了。

纪昀曾在会试时指出：“欲治天下之事，必折衷于理；欲明天下之理，必折衷于经。”因此，按照严格的定义，也不应该把戴震、钱大昕等都收进乾嘉学派里来，在学术研究的初期阶段，与其“合”，不如“分”；与其把这些“好人好事”都名之为“考据派”，不如称之为“理学家”“思想家”，或许更为合适。

戴震像

乾隆一朝无与伦比的丛书搜辑，收录了那么多的古今著述，这难道不是"钻故纸堆"，或只是"为他人做嫁衣裳"？不错，《四库全书》收录了清代各朝的御制文书，但雄才大略的乾隆帝难道不想再写一部自己的"大作"？难道他没有自己的东西，可以一展身手？显然并非如此。除了早年的《乐善堂集》以外，乾隆帝还有很多著述，散见于各处，如《御批纲鉴》《经筵御论》等，都是非常有价值的。他为什么不做一个总的整理呢？

似乎有什么阻碍了他的努力。那就是存在这样一个"戒律"，即不允许编制本朝文选，如《名臣言行录》等。由此我们可以解释，陆燿的《切问斋文钞》何以只收集至康熙朝，主要表现十八世纪言行的《皇朝经世文编》，何以至十九世纪才能出现？此间似乎不无"隐衷"，而对于这种隐衷，可能只有皇帝身边的臣子才能略知一二？如对此有所阐发的陆燿、庄存与，都曾是皇帝身边的近臣。

以往有关清代经世思想的研究，大多只注意明末清初，即十七世纪顾炎武、颜元等人的经世思想，以及嘉道以后龚自珍、魏源等人的经世思想，而对十八世纪则较少关注。一般认为，魏源、贺长龄编纂的《皇朝经世文编》是经世派的经典之作，代表了经世派的最高成就。其实，十九世纪经世之学虽进入"显学"和"兴盛"时期，然而在"规模与重要性"上，都不及十八世纪的有关努力。而在体例上，《皇朝经世文编》更是仿照了陆燿的《切问斋文钞》。

陆燿，乾隆十七年举人；乾隆十九年，授内阁中书，充军机处章京；乾隆二十八年，迁户部主事；后官至山东布政使、湖南巡抚，卒于任所。乾隆四十年（陆燿编书的年代，是从乾隆三十年到乾隆四十年这段时间，“积十余年之功”)，汇集清初迄乾隆间诸儒有裨经世之文为一编，题为《切问斋文钞》，凡三十卷。其中计有学术(三卷五十一篇)、风俗(五卷九十九篇)、教家(二卷三十六篇)、服官(一卷十八篇)、选举(三卷三十八篇)、财赋(四卷四十八篇)、荒政(二卷三十篇)、保甲(一卷二十六篇)、兵制(一卷十三篇)、刑法(一卷十九篇)、时宪(一卷十七篇)、河防(六卷十一篇)。

陆耀像

从中可以看出陆耀的经世思想，既有内在的修身养性，也有外在的经济事功。如置于全书之首的“学术”部分，内容涵盖了立志、学风与治学、读书、师道诸多方面，主张学术要与社会联系在一起；反对空谈心性、反对琐碎之考据、反对揣摩应举的辞章之学。“财赋”部分则涉及当时经济生活中的一些重要方面，如田法、生财理财之策、赋役征收、漕运、钱粮、钱法盐法等。这样的编排方式开创了一种新的体例，使“经世”成为一门系统的学问，它也被后来魏源、贺长龄的《皇朝经世文编》所借鉴。

《切问斋文钞》反映出十八世纪的经世之“学”，已经将学术和实政结合在一起，并非只重其一。而《皇朝经世文编》在体例上也是分为“学术”“治体”，与“六政”(吏户礼兵刑工)两大部分，其中所收，主要都是十八世纪人物的言论，在《切问斋文钞》的体例基础上，更详尽地阐述了十八世纪实政的主要成就(当然也有所扩展）。所以说“《切问斋文钞》既是《皇朝经世文编》之先导，又代表着清前期，特别是十八世纪初叶中国经世思想的最高水平”。

通过陆燿《切问斋文钞》的经世思想内涵，可以了解到，清朝经世思想的发展是一个连续的、符合逻辑的过程，不光只有在清初（十七世纪）和清末（十九世纪）清朝士人才具有经世思想。陆燿的《切问斋文钞》既阐发了传统学术的经世之理（学术部分），又提出了具体的经世之术（财赋部分），是儒家经世之学理论性与实用性相结合、功能性与技术性相结合的代表，集中代表了十八世纪的经世思想，“可谓传承经世思想的典型”。

所以经世思潮的发展过程中并不存在一个“断层”，不能“不加辨别地接受中国十九世纪慷慨激昂的政治变革论者认为经世意识在十八世纪已销声匿迹”的论点，十八世纪“‘经世’的意识并没有从中国思想史上完全消失”。

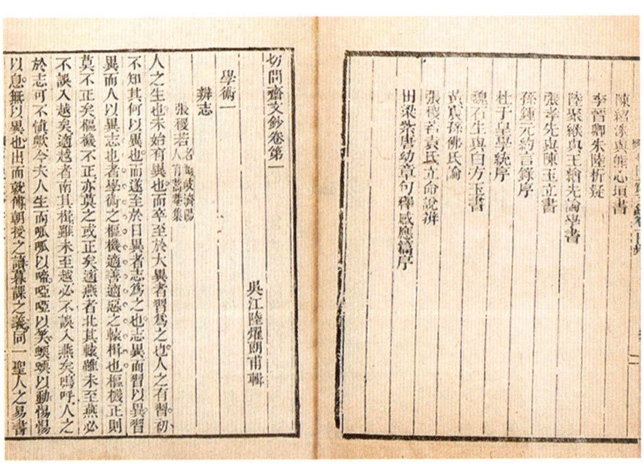
陳紹泳與熊心垣書
李晉卿朱陸析疑
陸聚緱與王獪先論學書
張孝先與陳玉立書
孫鍾元約言錄序
杜于皇學統序
魏石生與白方玉書
黃眞孫佛氏論
張稷若袁氏立命說辨
田棐紫周幼章句釋感應篇序

切問齋文鈔卷第一
吳江陸燿朗甫輯
學術一
辨志
張稷若 名爾岐濟陽人有蒿庵集
人之生也未始有異也而卒至於大異者習爲之也人之有習初不知其何以異也而遂至於日異者志爲之也志異而習以異習異而人以異志也者學術之樞機適善適惡之轅楫也樞機正則莫不正矣樞機不正亦莫之或正矣適燕者北其轅雖未至燕必不誤入越矣適越者南其楫雖未至越必不誤入燕矣嗚呼人之於志可不愼歟今夫人生而呱呱以啼啞啞以笑蠕蠕以動惕惕以息無以異也出而就傅朝授之讀暮課之義同一聖人之易書

《切问斋文钞》书影

通过对《切问斋文钞》的研究，“不仅为乾嘉时期经世思潮的活跃提供了有力的证据，而且连接起了从晚明到晚清的经世文编长链”。

庄存与像

《皇朝经世文编》除了受到陆燿的很大影响以外，还有一个思想学术渊源，即是与魏源等同属一个学派的今文经学“鼻祖”庄存与。

庄存与，乾隆十年进士，授翰林院编修；乾隆十七年入直南书房，在上书房行走；乾隆二十年任内阁学士兼礼部侍郎；乾隆五十一年，以原品休致。与陆燿比较，庄存与在皇帝身边时间更长、官位更高，更加“切近密勿”。他所开创的今文经学，虽当世不显，却对后世特别是龚自珍、魏源等人产生莫大的影响。

另外，据说章学诚（实斋）史学之长处之一，在指导人转移目光治现代史，留心当代政制（乃六经皆史论之应有含义）。此一意见，又落入此下经学家手里，遂有今文学派之兴起。龚自珍思想显然承袭自章实斋。这是其思想的又一渊源。

因此，相对于孔门的“德行之科”（义理之学）、“言语之科”（辞章之学）、“文学之科”（考据、汉学），曾国藩特增“经济之学”（“政事之科”），为儒学四要项，“缺一不可”；并把陈宏谋奉为讲“经济之学”的楷模，“立意崇尚之”。张之洞亦称“理学家”外，尚有“经济家”一名目。“其奏议公牍即是著述，或在文集，或在《切问斋文钞》及《经世文编》中”“不惟读其书，并当师其人耳”。

不过，即使把《皇朝经世文编》中有关十八世纪的部分抽取出来，我们仍对它有许多不能满意之处。今日要想弥补这一缺陷，恐怕只能重写清朝《经世文编》不可。为此也许应该补充进很多内容，特别是对经世派“头目”皇帝本人的许多思想，更是不能不予收录。

例如，在《户政》中“农政”一节，可以收入雍正二年和乾隆七年之谕（像许多志书曾援引过一样）；在“垦政”一节，加入乾隆初年的有关争论；在全书第一部分的《治体》中，增入那些与皇帝有关的政治理论，如强调皇帝职责、不许聚众、禁朋党、戒干誉……

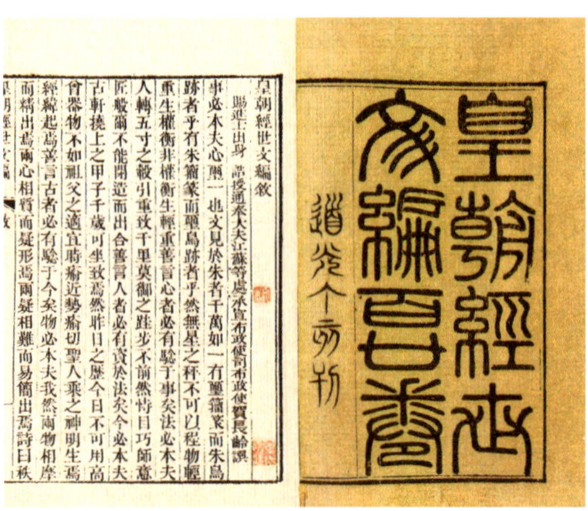

《皇朝经世文编》书影

就像清代的经济政策，那些具有跨时代超越价值的东西一样（如垦政、农政、粮政等），乾隆朝的政治思想（它也散见于各处），恐怕也需要后人来总结了。

乾隆初年，首先兴起的是“经世之学”，其思想内容体现在“垦政”“农政”“粮政”“荒政”“赋税”“矿政”“河工”和“漕政”等方面（那些奏疏大多都在数十年后被收入《皇朝经世文编》一书中），与清代经济政策的“活跃期”及有关政策的制定和实施有着密切的关联（没有他们，乾隆初政那些政策的制定和推行是不可想象的），虽然当日还没有“经世学派”这一名称。

它在中国儒学史上的最大贡献，就是像《切问斋文钞》和《皇朝经世文编》所表明的那样，把学问分为两个部分，一部分“治世”，一部分“修身”，并把这两部分有机地结合起来（这两部分又需随时代而变化），这就回到了先秦（孔子）儒学，成为“儒学”（不是“经学”“理学”，或“考据学”）“通经致用”的一个至高的表现形式。

清代十八世纪的这批“经世学者”与“考据学者”有所不同，不但表现在学术取向上，可以说，他们在身份上、做派上，处处都不一样。他们可能主要是一些官员，有职有权，直接面对国家或地方上的那些行政问题，并为此承担责任，考虑对策。他们是“体制内官僚”，与清初“遗老”构成的“政治反对派”，及清末之“改革派”，都不一样（也不排除有乡绅和其他知识阶层参与其中）。

他们可能也从事学术活动，但那不一定是其主要事业。与“汉学家”相对，他们很多都属于“理学家”。同时，还不能忽略皇帝所起到的巨大作用。如康熙时由发现人口问题，引致对经济对策（“农政”）的探讨，乾隆朝发起扩大仓储（“粮政”）的新一轮努力，等等。这些可能终将有助于划定这一研究的范围。

如此来说，十八世纪最重要的“经世”之务有“农政”“垦政”“粮政”（涉及仓储、赈粜、禁囤、禁遏、平价）、“财政”（地丁合一、永不加赋），以及到十九世纪才显得更为突出了的“盐政”“漕政”，等等。

其涉及范围，见于《皇朝经世文编·户政》者有：理财（两卷）、养民（一卷）、赋役（三卷）、屯垦（一卷）、八旗生计（一卷）、农政（三卷）、仓储（两卷）、荒政（五卷）、漕运（三卷）、盐课（两卷）、榷酤（一卷）、钱币（两卷）。

见于《清史稿·食货志》中有：户口、田制、赋役、仓库、漕运、盐法、钱法、茶法、矿政、征榷、会计。

其所涉及人物，见于清代典籍的，详见下表。

见诸史籍的“经世”官员详情

史籍	官员及省份										
清史稿	陈宏谋	陈大受	塞楞额	杨永斌	潘思榘	斐宗锡	阿尔泰	沈善富			
	数省	安徽	江西	广东	安徽	安徽	四川	安徽			
清实录	张广泗	陈玉鏧	陈悳荣	姜顺龙	黄廷桂	张允随	方观承	准泰	陆燿	蒋溥	郝玉麟	庄有恭
	贵州	贵州	贵州	四川	甘肃	云南	直隶	安徽	山东	湖南	两江	江苏
皇朝经世文编	尹会一	毕沅	乔光烈	岳震川	宋如林	李绂	俞森	杨锡绂			
	河南	陕西	陕西	陕西	贵州	福建	陕西	湖南、广西			

或如张之洞所说：“理学家”之外，别有一种“经济家”，其名臣若孙嘉淦、李绂、陈宏谋、朱轼、鄂尔泰、舒赫德、方观承、

刘统勋，则可以分别立传。或可以事件叙述，举其一端，加以条贯（如劝农策的制定和推行等）。至于《皇朝经世文编》，即是十九世纪经世派的“教科书”，则可与《切问斋文钞》等书，同做专门的研讨。

过去的思想史研究多少偏重于学术思想，侧重于那些构成“思潮”的流行者或浮在表面上的东西，而对其他种种则不大在意（特别是在思想史中缺乏同时代的经济思想史内容）；在研究对象上也偏好文人、学士，而对官员乃至皇帝等人的思想作为（包括意识形态），则不免有所“歧视”，更难及于普通人之生活想法与经营进取（如农民在生产上的“重副轻农”，在交易上的“同步反应”等）。

另一方面，对十八世纪的思想学术界，也过于重视“考据学派”。这就难免“以偏概全”，因此有学者提出，当时“考据学不是主流思想”。还有一种流行说法，认为清代的“文字狱”使得知识分子、文人不再关心“国家大事”了。但上述那些有关国计民生的问题，哪一个不是亟待解决的重要的现实政治问题？显然，考据学家是不关心也不回答这些问题的。

但是朝廷上的大臣呢？那些将学问与经世相结合的“理学家”和“乡绅”呢？从康熙、雍正到乾隆的几朝皇帝呢？不正是他们这一大批人在积极带头思考这些问题，制定政策，并付诸实施，创造出历史的鸿业？不错，古人重视“内圣”之学，但若因此而忽略了“外王”致用的一段，那恐怕真是对思想史的一大误判！所以我们必须转变眼光，关注到这一个层面上来，从国家大政的方方面面来搜集资料，通过对这批人物“所思所想”和“实际行为”的挖掘研究，从而建立起“十八世纪经世之学”。

十八世纪“经世派”的活跃时期是乾隆初年，即乾隆初政的十几年时间。出于种种原因，其后它就渐归消沉，甚至为“考据学派”所“取代”。乾隆十三年以后，随着一个政策“收敛”期的到来，“经世之学”虽没有“无疾而终”，却似乎是越来越“过气”了。实际上，考据学的兴起也有其内在理路，及社会自发的一面；它可能既非出于政治打压，也并非全由政府提倡，而“依然以在野争在朝，以道统争治统”。

另一方面，种种学术的升降和风气的变化，不是政府可以完全掌控的。其原因之一，可能在于“经世之学”只是一种“有限的”知识探求，未必为大多数学子所关心，而“考据学”则可供社会上一般士人“把玩”，何况当时很多人已经以此为“职业”了呢。

据说，在十八世纪，“考据学”成为一种新的职业，不论是作为研究者，还是教师，他们有特定的技能、取向和职业范围，而不同于已有的官僚、绅士及学术外行。他们除参加政府修书之外，还可在数量骤增的形形色色的书院担任教职，担任家庭教师，或以学人身份入幕，担任官府幕宾。这使他们能够“专笺注传经为儒者”，走上一条“以经学为中坚”的“纯学术”道路，而与“经世学者”大相径庭。

大约在乾隆二十年以后，“考据学派”随之兴起，蔚为风气，到乾隆中叶达到其鼎盛时期。这与乾隆朝政府政策进入一个较为迷惘的“无策期”，或许也有一定关联。

可惜的是，迨革命军兴，则一切可称为清代“经世学”者，均失去其价值所在。有关遗产并未得以总结，特别是仍然“活着”而“有意义”的那一部分：如在清代历史中，是否存在现实可行的经济发展道路？土地开垦曾经有何作用，今后是否依旧可靠？“赋役”应如何征收？仓储是否越多越好？政府又当如何确定它的角色和地位……

或者，如果《皇朝经世文编》（或类似的一部著作）能早若干年（如在乾隆末年）问世，世人对乾隆之治，乃至乾隆帝学术，恐怕都会有一番“刮目相看”了。也许，历史上就总是这样充满了遗憾，让后人不能徒然站在前人的肩上，坐吃山空，无所作为？

十八世纪纪元对照表

年号纪年	公历纪年	年号纪年	公历纪年	年号纪年	公历纪年
康熙三十九年	1700年	雍正十二年	1734年	乾隆三十三年	1768年
康熙四十年	1701年	雍正十三年	1735年	乾隆三十四年	1769年
康熙四十一年	1702年	乾隆元年	1736年	乾隆三十五年	1770年
康熙四十二年	1703年	乾隆二年	1737年	乾隆三十六年	1771年
康熙四十三年	1704年	乾隆三年	1738年	乾隆三十七年	1772年
康熙四十四年	1705年	乾隆四年	1739年	乾隆三十八年	1773年
康熙四十五年	1706年	乾隆五年	1740年	乾隆三十九年	1774年
康熙四十六年	1707年	乾隆六年	1741年	乾隆四十年	1775年
康熙四十七年	1708年	乾隆七年	1742年	乾隆四十一年	1776年
康熙四十八年	1709年	乾隆八年	1743年	乾隆四十二年	1777年
康熙四十九年	1710年	乾隆九年	1744年	乾隆四十三年	1778年
康熙五十年	1711年	乾隆十年	1745年	乾隆四十四年	1779年
康熙五十一年	1712年	乾隆十一年	1746年	乾隆四十五年	1780年
康熙五十二年	1713年	乾隆十二年	1747年	乾隆四十六年	1781年
康熙五十三年	1714年	乾隆十三年	1748年	乾隆四十七年	1782年
康熙五十四年	1715年	乾隆十四年	1749年	乾隆四十八年	1783年
康熙五十五年	1716年	乾隆十五年	1750年	乾隆四十九年	1784年
康熙五十六年	1717年	乾隆十六年	1751年	乾隆五十年	1785年
康熙五十七年	1718年	乾隆十七年	1752年	乾隆五十一年	1786年
康熙五十八年	1719年	乾隆十八年	1753年	乾隆五十二年	1787年
康熙五十九年	1720年	乾隆十九年	1754年	乾隆五十三年	1788年
康熙六十年	1721年	乾隆二十年	1755年	乾隆五十四年	1789年
康熙六十一年	1722年	乾隆二十一年	1756年	乾隆五十五年	1790年
雍正元年	1723年	乾隆二十二年	1757年	乾隆五十六年	1791年
雍正二年	1724年	乾隆二十三年	1758年	乾隆五十七年	1792年
雍正三年	1725年	乾隆二十四年	1759年	乾隆五十八年	1793年
雍正四年	1726年	乾隆二十五年	1760年	乾隆五十九年	1794年
雍正五年	1727年	乾隆二十六年	1761年	乾隆六十年	1795年
雍正六年	1728年	乾隆二十七年	1762年	嘉庆元年	1796年
雍正七年	1729年	乾隆二十八年	1763年	嘉庆二年	1797年
雍正八年	1730年	乾隆二十九年	1764年	嘉庆三年	1798年
雍正九年	1731年	乾隆三十年	1765年	嘉庆四年	1799年
雍正十年	1732年	乾隆三十一年	1766年	嘉庆五年	1800年
雍正十一年	1733年	乾隆三十二年	1767年		